崩溃的帝国

明信片中的晚清

曾讲来 主编

北京大学出版社
PEKING UNIVERSITY PRESS

图书在版编目（CIP）数据

崩溃的帝国：明信片中的晚清 / 曾讲来主编. —北京：北京大学出版社，2014.3
ISBN 978-7-301-23509-6

Ⅰ.①崩… Ⅱ.①曾… Ⅲ.①中国历史 - 清后期 - 通俗读物 Ⅳ.①K252.094

中国版本图书馆CIP数据核字(2013)第283555号

书　　　　名：	崩溃的帝国——明信片中的晚清
责任著作者：	曾讲来　主编
责 任 编 辑：	闵艳芸
标 准 书 号：	ISBN 978-7-301-23509-6/K·0997
出 版 发 行：	北京大学出版社
地　　　　址：	北京市海淀区成府路205号　100871
网　　　　址：	http://www.pup.cn　　新浪官方微博：@北京大学出版社
电 子 信 箱：	minyanyun@163.com
电　　　　话：	邮购部 62752015　　发行部 62750672　　编辑部 62752824
	出版部 62754962
印　刷　者：	北京中科印刷有限公司
经　销　者：	新华书店
	787毫米X1092毫米　16开本　15.25印张　50千字　315幅插图
	2014年3月第1版　2014年3月第1次印刷
定　　　　价：	48.00元

未经许可，不得以任何方式复制或抄袭本书之部分或全部内容。
版权所有，侵权必究
举报电话：010-62752024　电子信箱：fd@pup.pku.edu.cn

目 录

序/1
自 序/3

第一章 末代王朝的几位代表人物/1
第二章 清末的监狱与酷刑/27
第三章 八国联军的"辱华明信片"/47
第四章 瓜分中国的狂潮/55
第五章 中日甲午战争/71
第六章 台湾的开发与"台湾民主国"事件/111
第七章 义和团运动/137
第八章 八国联军侵华战争/149
第九章 八国联军中的"中国军团"/183
第十章 日俄战争/197

序

　　曾讲来先生是一名执教杏坛已四十多年的老教育工作者，此书是他任主编的第五部专集，为此他与其他几位编者耗时多年，费尽心血，实属不易。

　　此书展现的是中华民族最沉痛的清末屈辱历史。相信每一位阅览本书的人，对历史画册中那些令人痛彻心肺的历史事件，一定会悲愤万分、久久难于释怀！

　　毫不避讳地说，清末的历史是我们中国的一段创伤史、血泪史、屈辱史、没落史。清末统治者的昏庸腐朽、国家的贫困落后、民众的水深火热、中华民族的生死攸关，这些构成了清末历史的主旋律，同时也是本书内容的主旋律。单以这段历史编书一部，匠心独运，足见勇气！

　　而且本书作为一部史书，也最具特色——图文并茂，依图叙史。图由一百多年前珍稀的历史明信片、信封、邮票、照片、画像等组成，共约260多幅，给我们以强烈的视觉震撼，以与众不同的方式展现了历史；而叙述文字又简洁平实，通俗易懂，让读者容易接受。图文的紧密结合使得本书新鲜、生动、雅俗共赏。此书的这一编写风格削弱了真实历史的沉重和压抑感，而平添了几分趣味性，将读者带进一种别具一格的史书天地。

应该指出的是，我们今天回顾历史，让年轻人了解历史，当然不是为了播种仇恨，更不是为了报仇雪恨，因为历史已翻开了新的一页。我们只是希望世世代代的中国人都不要忘记中华民族曾经历过的巨大创伤，不能忘记由于清末的制度腐朽、民族分裂、技术落后导致国家衰败的惨痛教训。

幸哉！眼前的中国在腾飞，腾飞的中国让世界各种肤色的人瞩目和惊叹。越是这样，我们越不能忘记屈辱的历史，遗忘历史意味着背叛。但愿今天的人们，能以平和的心态温习历史，从中得到警醒，获得力量，永不停息奋斗的步伐。若能如此，正是本书为阅读者，乃至为社会所作的一个贡献。

自序

清代末年，在帝国主义列强的侵略和冲击下，中国封建王朝已无可挽回地走上了衰败之路，慈禧太后专横独断，统治集团昏庸腐朽，国家面临内忧外患，底层大众民不聊生。

为了真实地再现当年的中国社会政治和军事方面的历史事件，我们用了多年的时间，从海内外收集了三百多枚清代末年的明信片、照片、画片及邮票、封函等，以人物、事件为主题，按时间顺序编辑成册，希望能为今天的青年一代打开一个客观了解历史的窗口。

值得一提的是，在本书收录的图片当中，明信片是当之无愧的主体，数量占到了90%以上。这批明信片的绘制者多为八国联军的随军记者和外国传教士，发行者为当时的各国在华邮局。明信片大多数由当时的联军士兵寄回本国，作为炫耀战绩及向家人朋友问候、报平安之用。由于这些明信片、照片及图片大多数系当时入侵中国的列强传教士和记者的作品，带有其鲜明的立场，特别是一些"辱华明信片"，曾经使当年的中国人深以为耻。百年之后，当这些明信片重新面世时，我们相信今天的人们自有其判断的眼光。面对曾经不堪回首的历史，仅仅置之一笑固然是一种虚无主义的表现，愤怒仇恨也不是一种理性的态度。关键是要能够直面历史，勇敢地审视、反思我们的过去，同时以史为鉴，面向未来。

应该说明的是，一百多年前，世界上摄影及制版印刷技术尚处于初始阶段，加上摄影者本人的技术所限，造成一些照片及明信片的清晰度较差。由于这些图片资料在反映历史事件过程方面具有无可替代性，本书只好加以采用，以避免事件的历史真相出现断裂，望读者谅解。

本书的历史明信片、照片和其他图片资料，不少来自于各地的集邮家、收藏家和历史学者之手，而本地的苏建华、胡培、江泽汉、范青山、游海山、颜盛辉等先生也提供了许多极为重要的资料，在些深表谢意。

本书编写中，我们还参考了大量的历史史籍，在事件和人物的评价方面，则限于自身的认识，或有浅陋甚至错误之处，敬请读者指正。

编者

2013年8月30日

第一章
末代王朝的几位代表人物

慈禧太后

慈禧的一生，经历了从1840—1900年帝国主义侵略中国的5次战争。第一次鸦片战争时期，她还是一个5岁的小孩。第二次鸦片战争时期，她已是咸丰皇帝的懿贵妃。后来的中法战争、中日甲午战争和八国联军侵华战争时期，她则是当时清王朝的最高统治者。

1861年11月2日，慈禧在以奕䜣为首的满族贵族官僚的支持下，发动政变，镇压了由咸丰皇帝临死前钦定的扶助太子的8位赞襄政务大臣，而以垂帘听政的名义登上了最高统治者的宝座。此后，她操纵了清末3个皇帝的命运，实际统治中国达48年之久。

正当中日甲午战争激烈进行，国家处于危难之际，慈禧太后在京城却忙于大规模庆祝自己的60大寿。日军占领了大连湾，前线紧急军报接连不断，她的生日庆典仪式却按部就班进行。她支持李鸿章避战求和的方针，以各种借口打击以光绪帝为首的主战派，寄希望于外国列强出面干涉，以尽快结束战争。最终，北洋水师全军覆灭，中国被迫割让台湾及付出巨额的赔款。

慈禧太后把国家的命运控制在自己的手上，影响着中国近代历史发展的走向。在外国列强支持下，她先后残酷地镇压了太平天国运动和西北捻军起义；在中日甲午战争失败之后，她又竭力扼杀资产阶级改良派发起的戊戌维新运动。当国家民族处于危难之际，她一再作出错误决策，使中国成为列强肆意宰割的羔羊。正是在她的手上，中国被迫与列强签下了一个又一个丧权辱国的条约，清政府也因此彻底地变成了帝国主义列强在中国的代理人。

她翻云覆雨，性格变幻无常，在对待义和团的态度上表现得淋漓尽致。最初义和团刚兴起时，她多次谕令地方督抚应"实力剿捕"；后来，由于各国使馆照会，勒令她"归政"于光绪皇帝，恼羞成怒的她决定利用义和团进攻各国使馆，以泄私愤。当八国联军攻入京城之后，她匆忙带领光绪皇帝逃离，而在逃难途中，她又把责任推到义和团身上，下令对义和团"痛加剿除"，以求获得八国联军对她的宽恕。

光绪三十四年十月二十一日（1908年11月14日），光绪皇帝病亡。此时躺在病床上已奄奄一息的慈禧即刻指令自己的外甥——醇亲王载沣的儿子，年仅3岁的溥仪为皇帝，年号宣统。次日慈禧也跟着自己的养子光绪皇帝升天了，享年74岁，她的遗言最耐人寻味："以后勿再使妇人预闻国政，此与本朝家法有违；尤须严防不得令太监擅权，明末之事可为殷鉴！"

慈禧太后，满族人，道光十五年十月十日（1835年11月29日）出生，光绪三十四年十月二十二日（1908年11月15日）病亡。又称"西太后""老佛爷"。她是晚清政府腐败残暴、软弱无能的总代表。（明信片）

慈禧太后出行。右前方第一人为大太监李莲英。（明信片）

被关押在监狱中的慈禧太后和大臣。(漫画明信片)

慈禧太后坐在北京城墙头。(漫画明信片)

西方画家笔下的慈禧太后是一个统治中国近50年的令人生畏的女王形象。

光绪皇帝

　　光绪皇帝，姓爱新觉罗，名载湉，是同治皇帝的堂弟，咸丰皇帝的侄子。同治十年六月二十八日（1871年8月14日）出生，光绪元年正月二十日（1875年2月25日）在太和殿正式即皇位，光绪三十四年十月二十一日（1908年11月14日）病故，享年37岁。身为帝王，他受尽冷落和责难，有人认为他生性"懦弱无能"，但他却是近代中国第一位效仿西方实行变革的开明皇帝。

载湉之所以能登上皇位，一方面是因为慈禧的亲生之子同治皇帝去世后，无子嗣继承皇位；另一方面，是因为他是慈禧妹妹的孩子，权欲熏心的慈禧，希望找个"儿皇帝"，继续创造机会垂帘听政。

入宫后的光绪，是在孤独中长大的。烦琐的宫中礼节，养母慈禧经常不断的严辞训斥，没有母爱，饮食寒暖没有人悉心照料，没有童年的欢乐，致使他从小就心情抑郁，造成身体积弱多病。有一本书详细写到他幼年的生活："皇上每日三餐，其饭食虽号称数十种，摆满桌案，但大都是做样子的，离皇上稍远的饭食，多数已臭腐，接连数日不换。靠近皇上的饭食，虽还未臭腐，可是经过多次加热，其实已难以入口。"

按照清王朝祖上留下的规矩，皇帝16岁就要临朝亲政。随着光绪年龄的增长，他的大婚和亲政逐渐临近，慈禧撤帘归政把大权交给光绪皇帝之事已不可回避。可慈禧既不甘心，又无可奈何，于是预作布置，对光绪皇帝权力多方限制，仍由她在暗中操纵朝政。光绪十五年正月二十日（1889年2月19日），19岁的光绪帝举行大婚典礼。

光绪的一位皇后和两个妃子，都是慈禧钦点的。皇后是慈禧的亲弟弟桂祥的女儿叶赫那拉氏，即隆裕皇后，慈禧选侄女为皇后，目的是今后通过皇后监视和掌握皇帝。皇帝的两个妃子，是瑾妃和珍妃，二人是亲姐妹，妹妹珍妃貌美端庄，性格开朗，颇有见地，大婚后的数年间，光绪帝与珍妃共同度过了一生中较为轻松的时光。

光绪皇帝回京。（刊于1902年《伦敦新闻画报》）

光绪亲政后的第一件大事,就是遭逢日本侵略朝鲜,进而发动中日甲午战争。光绪违背母后之意,决心援朝抗日,但腐败的体制导致战争失败,最终被迫签订了《马关条约》。失地赔款,使他受到重大打击,同时也加深了"母子"的不和,激发了他力图改革政治,富国强兵的雄心。于是,光绪帝在康有为、梁启超等人的影响下,在珍妃的积极支持下,于光绪二十四年四月二十三日(1898年6月11日)颁布《明定国是诏》,宣布变法,强调博采西学,推行新政。那些守旧的王宫贵族害怕改革触动他们的利益,纷纷投靠慈禧并竭力挑拨他们的"母子"关系。慈禧也担心光绪的改革影响到她的独裁,因此双方矛盾日益尖锐化。此时,慈禧太后决心废掉光绪帝,并密谋由北洋总督荣禄在九月初皇帝、太后到天津阅兵时发动政变,废除光绪帝。光绪此时十分焦急,于是于八月初一、初二连续两次召见袁世凯,提升他为侍郎衔,让他专办练兵事宜,想以此使袁世凯感恩报德、效忠皇帝。同时,光绪帝还连下两道密谕,通知康有为等人迅速离京。康有为等人收到密谕后,束手无策,危难之际,谭嗣同出面劝说袁世凯马上举兵,先杀掉荣禄,回兵再包围颐和园。袁世凯表面上满口答应,八月五日回到天津,却在八月六日向荣禄告密。慈禧太后接到荣禄密电后,马上乘轻轿返回南海,光绪被慈禧带到议政堂,在遭到慈禧一顿痛骂后,被迫写了退位诏书,将政权全部交给了慈禧,然后被关进了南海中的瀛台,断绝了和外边的一切联系。戊戌变法最终以皇帝被囚,康有为、梁启超逃亡日本,谭嗣同等"六君子"被杀而宣告失败。

光绪临朝亲政后,慈禧规定:皇帝每隔一日,必须亲往颐和园向她汇报政务,听候训示。遇有重大事情,更得随时请示。因此光绪名为皇帝,实际为傀儡,政治抱负不能得以实现,日久天长,精神更加抑郁。图为:光绪十七年(1891),亲政后的光绪于紫光阁接见各国使节,他们由总理各国事务衙门官员引入,行鞠躬礼节而退。(明信片)

戊戌变法失败后,光绪已成傀儡。画面形象地反映了端坐于皇帝宝座上的慈禧太后和屈坐于小凳子上的光绪皇帝之间的巨大差距。有趣的是,众大臣围着慈禧太后,而对慈禧不屑一顾的各国驻华使节只对光绪皇帝行鞠躬礼。(画片)

从此以后，光绪度过了十年没有人身自由的囚徒生活。他被囚于瀛台，由慈禧的四名亲信太监监视着。光绪二十六年（1900），当八国联军攻破北京时，光绪被慈禧带着逃亡西安。临行前，慈禧命总管太监李莲英将珍妃推入东华门内的一口井内。光绪二十八年（1902）一月，慈禧又把光绪带回北京，仍然囚禁于原处。

光绪三十四年（1908）十月，光绪生病卧床，这时慈禧也同样生病卧床。光绪在日记中写道："我现在病得很重，但是我心觉得老佛爷一定会死在我之前，如果这样，我要下令斩杀袁世凯和李莲英。"不料这日记被李莲英获悉，他立即报告了慈禧。病重的慈禧当即指令，自21日起由李莲英亲自服侍光绪，21日下午，光绪的病情突然转危，当天立即死亡。22日，慈禧也随之死亡。

光绪死因，历史上有三种说法：一说为慈禧下令李莲英毒杀而死；一说为袁世凯担心光绪执政后自身性命难保，而下毒手害死了他；一说为光绪病入膏肓，医治无效而死亡。2008年11月，光绪死亡百年之际，国家清史编纂委员会在北京举行光绪死因研究工作报告会，正式宣布其死于急性砒霜中毒。这样，光绪死因终于破解。

慈禧太后结束逃亡返回京城后,接见各国大使夫人,此时的光绪皇帝只能靠边坐着。(画片)

光绪皇帝葬礼的场面(明信片)

李鸿章

　　李鸿章，安徽合肥人，清道光三年（1823）正月出生，清光绪二十七年（1901）九月病亡。21岁时，他就投到曾国藩的门下。清同治元年（1862），在曾国藩的统领下创练淮军，凭借这支装备了洋枪洋炮的军队，在镇压太平天国运动和捻军起义的血雨腥风中步步高升，于清同治九年（1870）接替曾国藩就任直隶总督。之后，他又兼任北洋大臣的重职。从此，他在相当大的程度上掌握了清朝军事、外交、内政大权达30年之久。

李鸿章作为中国近代史上一位具有特殊地位的人物，历史对他的评价褒贬不一。李鸿章一生中最引人注目的成绩是推动洋务运动，倡导国家变革，建立了近代化的军事力量。他主持创办了许多军事工业，特别是设立汉阳兵工厂，由中国自主生产枪支弹药；创办了北洋海军，早年派出一批年轻学生赴欧美留学，许多人后来成为北洋海军的将领；设立开平矿务局，开采唐山煤矿；设立天津电报局，最终形成中国电报业的雏形；推动改革中国的官用驿传制度，批准由中国海关暂行代理邮政业务，发行中国第一套邮票——大龙邮票，开创了中国近代邮政制度。

　　李鸿章富于外交和军事才华，然个人之力却无力回天，甲午一战北洋水师全军覆没，中国被迫签下《马关条约》。清光绪二十七年（1901）七月，李鸿章又代表清政府与十一国代表签订了使中国彻底陷入半殖民地深渊的《辛丑条约》。也可能因为受不了社会各方巨大压力，两个月后他就在北京贤良寺去世。不管怎么说，在19世纪的最后三十年里，清朝与各国列强签订的每一个卖国条约，几乎都和李鸿章这个名字连在一起。

　　李鸿章死后，慈禧太后已有兔死狐悲之感，她下令表彰李的"功绩"，赐以"文忠"的谥号，晋封为一等侯爵，还让各地为他立祠。而各国列强的代表也纷纷前往吊唁，对这位清廷重臣的离世深表惋惜。

　　对于李鸿章，西方另有评价，认为他是难得的一位能透彻了解晚清制度及军队腐败的朝廷重臣，因而对外委曲求全，实行开放主权、赔款及割地，均属无奈之举，他仅是慈禧太后的替罪羊而已。

李鸿章肖像（明信片）

参加《辛丑条约》签订仪式的李鸿章（明信片）

列强认为,李鸿章对义和团杀害外国人的行为采取睁一只眼闭一只眼的默认态度。(漫画明信片)

李鸿章从政40余年,遭受800次弹劾,地位仍不动摇;他不是满族人,却能在满人统治的社会步步高升,显然是个精于自保之人。(漫画明信片)

弱国无外交,此漫画意在讽刺平日巧于周旋的李鸿章在与联军谈判中,却已成为对方的掌中物。(漫画明信片)

袁世凯

　　袁世凯，河南项城县人，清咸丰九年（1859）八月二十日出生，1916年6月病亡。他年少时多次应考乡试，但都没考中，后来投靠淮军统领吴长庆。26岁时，经李鸿章举荐，担任了清政府"驻扎朝鲜总理交涉通商事宜"的全权代表。甲午战争以后，他以道员衔被派到天津附近的小站编练新建陆军。虽然开始只是统辖几千人，但却成了他以后进行政治投机的资本。

光绪二十四年（1898）八月中国发生了康有为、梁启超、谭嗣同等领导的资产阶级维新变法运动。袁世凯起初假装赞成维新变法，但到关键时刻却出卖了维新派，导致维新派被慈禧太后所镇压，光绪皇帝遭囚禁，康、梁逃亡，六君子被杀害的结局，袁却因此受到慈禧太后的重用。

光绪二十七年（1901）李鸿章死后，袁世凯继任直隶总督兼北洋大臣。五年后，他把新建陆军进一步扩充，并改名为"北洋军"，其中培养的亲信段祺瑞、冯国璋等后来都成为北洋军阀的代表人物。

光绪三十四年十月二十一日（1908），光绪皇帝病故。次日，慈禧太后也跟着归西。慈禧临死前，指令将自己的外甥、光绪弟弟醇亲王载沣的儿子溥仪（3岁）迎入宫中，成为清朝入关后的第十代皇帝，由载沣任摄政王及监国，总理清朝军国政事。载沣极其痛恨袁世凯当年向慈禧出卖其长兄光绪皇帝的行径，同时也担心他把控北洋军队，本欲将他除掉，后经朝廷大臣张之洞的劝阻，最终决定以"养病"名义把他遣送回河南原籍。

袁世凯在天津小站训练的新军（明信片）

武昌起义爆发后，为镇压起义，清政府需调动新军，无奈之下，只得重新起用袁世凯，并任命他为内阁总理大臣，掌握军政大权。当时正值清军与起义军南北对峙之际，英国公使朱尔典策划了一场"南北和谈"方案，拟定三项和谈条件：一、双方停战；二、清帝退位；三、推举袁世凯为总统。经过南北代表的协商，1912年3月10日，袁世凯在北京就任中华民国临时大总统，最终窃取了辛亥革命的果实。

当上大总统的袁世凯，还图谋在中国复辟帝制。为获得帝国主义的支持，他先后与帝国主义各国签订了一百多个卖国条约，其中臭名昭著的有与沙皇俄国签订的《中俄声明》，出卖中国铁路建筑权及矿产资源，并承认外蒙古"自治"，将其交由沙俄控制；与日本签订灭亡中国的《二十一条》等。

1915年12月12日，袁世凯正式复辟帝制当上了皇帝。"中华民国"的旗子也换为"中华帝国"的牌号。同年12年31日，他下令取消"民国"年号，改用"洪宪"年号，把1916年改为"洪宪"元年，准备在1916年元旦登基，正式即皇帝位。

但是，历史车轮不容倒退，全国人民不允许袁世凯复辟帝制，流亡日本的孙中山发表了《讨袁宣言》，蔡锷等人在云南率先宣布起义讨袁，随后全国各地纷纷宣布独立讨袁。袁世凯陷入了众叛亲离的境地。1916年3月22日，做了83天皇帝梦的袁世凯被迫宣布撤销帝制，废除"洪宪"年号，6月，在气病交加之中亡故。

遭罢官后退回河南老家的袁世凯，表面上身披蓑衣，以钓鱼打发时光，一副不问世事的样子，实际上是在等待时机以便东山再起。（明信片）

当上临时大总统的袁世凯（明信片）

第二章
清末的监狱与酷刑

清王朝继承了中国几千年的专制制度，也延续了几千年来统治者对普通民众及犯人的各种专制治理及酷刑。随着清末的门户开放，特别是八国联军入侵中国，一些随军记者、外国传教士和商人在中国大地上见到了与《马可波罗游记》中所描述的中华帝国盛景完全不同的景象，其中就有清代的酷刑。那些门类繁多的酷刑，让他们深感震惊，于是他们用绘画技术以及西方世界刚刚出现的照相技术捕捉了那些场景，由于早期照相制版技术还未产生，因此许多画面是以先将照片中的影像用素描的方式绘制下来，再经过铜版雕刻制模的方式进行印刷。鉴于存世资料有限，本章只收集了"审判""枷刑""砍头""站笼"等几种酷刑的明信片及照片，让大家窥一斑而见全貌。

处斩（明信片）

处斩（明信片）

审判

　　晚清时期掌握着全县百姓生杀大权的县衙门,在现实中竟然是那样的简陋不堪。这几幅由外国人拍摄制成的明信片和照片,真实反映了当时的现状。戏剧中经常见到的扛着"肃静""回避"大牌的两位衙吏也被县令给精简掉了。

云南某地的衙门(明信片)

衙门公堂（明信片）

衙门公堂（明信片）

A sitting of the mixed court of the International Settlement of Kulangsoo, Amoy.

厦门鼓浪屿工部局公审会堂。鼓浪屿公共租界于1903年成立,是帝国主义国家在厦门建立的殖民机构。公共租界于同年5月1日成立工部局,由7名董事执掌,其中洋人6位,华人1位。工部局下设巡捕房,主体由英雇佣军印度人组成。(明信片)

衙门行刑官（明信片）

衙门公堂（明信片）

这个衙门在办案过程中还允许村民旁听。（明信片）

监狱

英国《泰晤士报》的记者柯克在《中国》（1858）一书中，写到当时清朝监狱的恐怖情状："监狱内的恶臭，几乎让人无法忍受，而那情状也无法让人再看第二眼。屋子中央躺着一具尸体，上面唯一新鲜的部位是乳房，已被老鼠吃掉。尸体周围上下是一群腐烂的人，他们居然还活着……那惨状令人终生难忘。他们是骷髅，而不是人。"

凶神恶煞似的狱吏与戴着枷具的犯人，二者形成鲜明对照。（明信片）

这枚外国人制作的明信片，或许是唯一存世的反映清末监狱内部状况的真实图像资料，当然这是被称为"模范监狱"的一个场景而已。

枷刑

　　枷刑是清朝官府对犯人最常用的一种刑罚方式。枷是用木板挖孔后，套住犯人脖子和手（也有用以套住脚部），再上锁。这样犯人不仅有肉体上的痛苦，而且也是精神上的摧残。犯人晚上在地牢里，白天则由狱官押着带到城门或街市示众。

双人枷（明信片）

戴枷者（明信片）

左图中犯人所戴的木枷,既锁住脖子,又套住手,显然该犯人是重刑犯。(明信片)

图中几个犯人，被沉重的枷锁压得只能伏地而跪，让巨大的枷锁置于地上，以减轻脖子的痛苦。由于照片拍摄于牢狱中，因此画面较为昏暗，但每个人几乎被扭曲的脖子，让后人意识到他们生不如死的惨状。（明信片）

图中的犯人脚上夹着木枷，双手还被横绑，其惨状同样令人胆战心惊，这时已无法知道他们是死是活。（明信片）

入侵中国的英军，由于兵力不济，于是从殖民地印度招募了一批印度人，编入英军，这些印度兵有些还在中国的租界充当警察。他们常常忘记了自己国家的不幸命运，在中国领土上神气十足，给中国人上手铐和脚枷，其手法和清朝狱卒并无两样。（明信片）

被鼓浪屿外国工部局拘押的中国人（明信片）

被租界雇佣兵上脚枷的中国人（明信片）

砍头

砍头，在外国人的眼里，当然属于酷刑，但与中国其他种类酷刑相比，似乎还人性化些。只可惜的是许多在屠刀下的"犯人"，却是昨天还高举"扶清灭洋"大旗的义和团团民，而举起屠刀的正是昨天还与他们一起战斗抗击八国联军的清朝官吏。监督对他们施刑的正是八国联军的代表。

（明信片）

（明信片）

斩杀义和团成员。从画面上可以见到正在现场监督的联军代表,观众中还有几位已加入英军队伍并参与进攻北京的"中国军团"士兵。(明信片)

站笼

　　站笼同样是延续了几千年的历代封建王朝对民众实施的酷刑之一。站笼就是把人先关在笼里示众几天,最后抽掉底板而将其吊死。

关在站笼内示众
的犯人(明信片)

已被集体处死的义和团团民（明信片）

悬首示众

清廷残酷镇压辛亥革命志士,并将三位起义志士的头颅悬挂于武昌城头以示众。(照片)

第三章
八国联军的"辱华明信片"

清廷对内实行残酷的封建统治，对外却因屡战屡败而被迫委屈求和。占领中国北京、天津的八国联军，不仅到处劫掠杀戮，逼迫清政府签下丧权辱国的条约，而且肆无忌惮地发行一批以侮辱、丑化中国人为内容的漫画式"辱华明信片"。

这批明信片的绘制者为八国联军的随军记者和外国传教士，发行者为当时的各国在华邮局。明信片大多数由当时的联军士兵寄回本国，作为炫耀战绩及向家人朋友问候、报平安之用。

当百年之后这些明信片重新面世时，我们相信今天的人们一定不会仅仅置之一笑而已，因为它们不仅可以让我们了解那段屈辱的历史，更重要的是让我们领悟到一个真理："弱国无外交。"其实，国家的兴衰与每个国人的命运是紧紧联系在一起的。

在八国联军的"辱华明信片"中，漫画作者特别在清人的辫子上大做文章，以此作为丑化中国人的标志。其实，中华民族自古以来，就有蓄发的习惯，与世界其他民族并无二致。只是古代汉人一贯把头发束在头顶，而满族人则是把前颅头发剃光，把后脑头发编成一条长辫垂下。

清军进入北京之后，由于各地"反清复明"的抵抗运动此起彼伏，摄政王多尔衮就代当年七岁的小皇帝顺治颁发了《剃发诏书》，规定清军所到之处，无论官民，限十日内尽行剃发，时称"留发不留头，留头不留发"。强令汉人改变发式，更换服装，以摧垮汉族士大夫及民众的思想意识和民族精神。

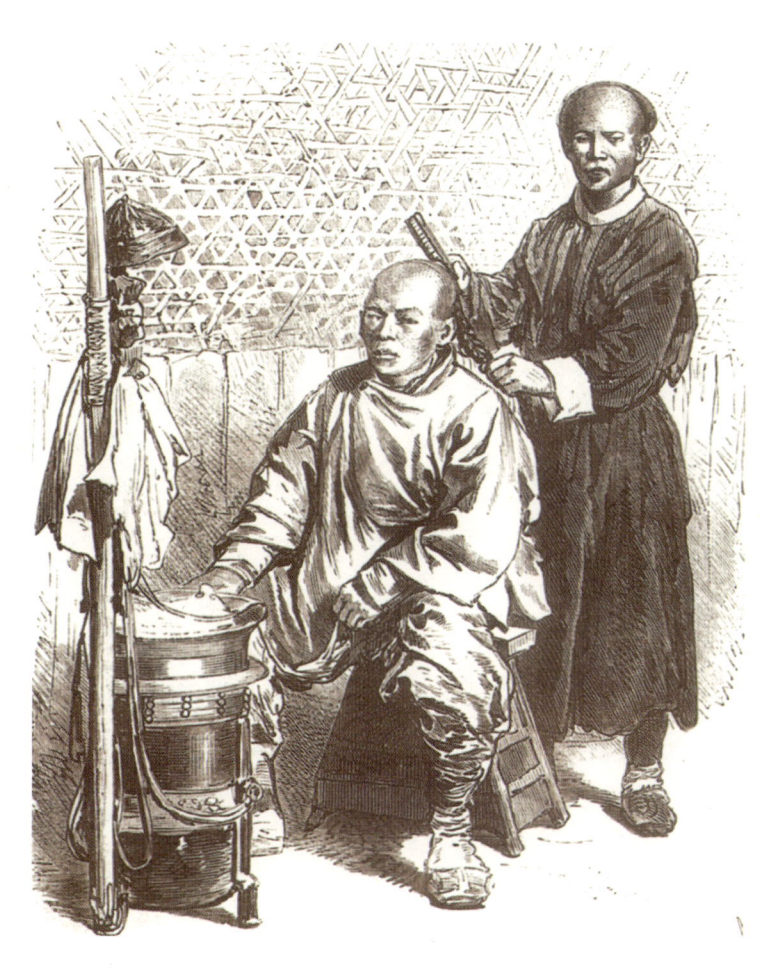

街头剃头匠（画片）

当时的北京，对这项命令执行得十分严厉。多尔衮下令剃发匠在地安门、东四、西四、正阳门等主要路口搭起席棚，凡过往行人有留发者，便拉入棚内强行剃头，违抗者当场杀死，并把人头悬在棚杆顶上示众。

由于剃发严重伤害了汉族人的尊严和感情，以致于明末的许多旧臣和百姓纷纷为此献出了生命。清顺治二年，清军进攻扬州，史可法率军民浴血奋战，历时七天七夜，城被清军攻破后，史可法英勇就义，清军在扬州城内对留汉发的平民进行血腥屠杀，"十日不封刀"。同年，清军攻入嘉定城后，将城内、城郊二十余万名坚持不剃发的军民屠杀殆尽。

经过严酷的统治之后，"剃发令"在全国范围内终于得到贯彻实施，并持续了二百多年。

当然，这个"剃发令"后来成为埋葬清王朝的导火绳，辛亥革命志士，当时就是以剪辫子为革命标志。孙中山先生为此提出革命口号"驱除鞑虏，恢复中华"，并以剪辫子作为与清王朝彻底决裂的重要标志。

Die gepanzerte Faust.

第四章
瓜分中国的狂潮

19世纪中后期,西方列强进入了疯狂争夺殖民地的时代。他们在相继瓜分了非洲、拉丁美洲、亚洲的一些地区之后,又把矛头指向了中国及中国的周边"属国"。

光绪四年(1879),日本强占琉球王国,把坚持向中国朝拜的国王及皇族(琉球王国中有不少臣民为奉明朝御旨赴该国垦荒和建设的福建人后代)全部押赴日本投入监狱,并宣布琉球为日本冲绳县。

光绪十年四月(1884年5月),中法《天津简明条约》签订,中国正式放弃对越南的宗主权,越南由法国占领;

光绪十一年三月(1885年4月),中日《天津会议专条》签订,中国正式放弃对朝鲜的亲主权,之后日本据此发动甲午战争,最后兼并朝鲜。

光绪十二年六月(1886年7月),中英《缅甸条款》签订,中国正式放弃对缅甸的宗主权,英国随后兼并缅甸。

光绪二十一年(1895),甲午战争之后,中日签订《马关条约》,更强烈刺激了西方列强侵略中国的野心。列强此时已把中国看成"东亚病夫""正躺在死亡之榻上",因此提出要抓紧"分配这个病夫的遗产"。

列强欲瓜分中国(明信片)

列强瓜分中国（漫画明信片）

沙俄

自1689年与中国签订《尼布楚条约》之后，国内连续经历过一些政治动荡，因此减低了对清朝的压力，但沙皇却没放弃过对中国新疆西北部及黑龙江流域的野心。

1858年5月，沙俄乘英法联军进犯天津、威胁北京之际，派兵舰驶至黑龙江瑷珲城，以参加英法联军相威胁，胁迫清朝黑龙江将军奕山签署了中俄《瑷珲条约》，强占了中国黑龙江以北、外兴安岭以南的60多万平方公里的土地。

1860年，乘英法联军进攻北京之机，沙俄再次强迫清政府签订沙俄《北京条约》，抢占了乌苏里江以东达34万平方公里的中国土地。

1862年8月起，沙俄又乘中俄两国在塔尔巴哈台（新疆塔城）共同勘分西北边界的机会，通过军事威胁手段，侵吞了中国位于巴尔喀什湖以东和以南达58万平方公里的土地。

因此，沙俄在前后两百年间，已先后从中国掠夺了160万平方公里的领土。这些面积，相当于3个法国或者4个日本的国土总面积；如以中国的省份比较，则相当于16个浙江省或13个福建省的面积。

甲午战争之后，俄国又以帮助中国保全辽东半岛有功为借口，通过《中俄密约》获得了修筑中国东北三省铁路的特权，并准备进而兼并东北。光绪二十四年（1898），沙俄见法国占领胶州湾，便将海军舰队陈列于旅顺口，迫使清政府签订《中俄旅大租地条约》，强行租借旅顺口、大连湾及其附近海面。

通过签订《中俄密约》，沙俄获得了在中国东北修筑铁路的特权。图为中东铁路齐齐哈尔火车站，该站为沙俄警察管辖。（明信片）

沙俄警察管辖的中东铁路哈尔滨火车站（明信片）

德国

于光绪二十三年（1897）十月，以曹州教案为借口，派军舰强占了胶州湾，夺占青岛炮台。光绪二十四年（1898）二月德国与清政府签订《胶澳租界条约》，清廷把胶州湾租借给德国，租期99年；允许德国在山东修筑胶济铁路，德国可以开采铁路两边三十里以内的矿藏。

1897年11月13日，驻上海的德军海军远东分舰队司令迪德里希率三艘德国军舰驶抵胶州湾。14日清晨，在清军毫无防备的情况下，登陆占领了重子山头，包围了清总兵衙门和清军兵营。在德军枪炮威胁下，所有胶澳要塞炮台、兵营、枪炮等全部陷入德军手中，这就是当年的"胶州湾事件"。（明信片）

德军海军远东分舰队驶向胶州湾的三艘巡洋舰。图上人像为德国亨利亲王。（明信片）

德军海军在胶州湾建设兵营。（明信片）

德军胶澳总督官邸于1907年建成。建筑费达45万马克,据称其建筑设计之华美超过德国皇宫。(明信片)

伊尔迪斯兵营是德军在青岛新建的一座永久性兵营,为典型的南欧建筑风格。日军占领青岛后,把军营更名为"旭兵营"。1922年中国政府收回青岛主权后,在原址创办青岛市立中学。(明信片)

1906年,德国占领军在青岛建成胶澳总督办公大楼。1914年,日本发动进攻,取代德国占领青岛,该总督官署成为日军守备司令部。1922年12月中国政府收回青岛。1938年日本第二次占领青岛,这里改为青岛特别市公署。1945年抗战胜利后,南京国民政府再次把该建筑物作为青岛市政府所在地。这一栋建筑,见证了百年来青岛的政治外交风云。(明信片)

法国

于光绪二十一年（1895）强占了云南的勐乌、乌得等地，而且获得云南、广东、广西三省的采矿优先权；此后又强占海南岛，强制租借广州湾及附近水面，租期99年。

八国联军之一的法国军队攻进北京。（明信片）

法国士兵"倚红偎翠"，表现了洋洋自得的殖民者心态。而身边的穿着日式和服的东方美女则是典型的西方人东方想象的产物。（明信片）

在中国土地上的法国军队（明信片）

英国

早期通过两次鸦片战争,获取在华巨大利益及以长江流域作为势力范围。光绪二十四年(1898)之后,又获取沪宁铁路借款权,山西、河南、四川等省煤、铁、石油等矿的开采权,以及一批铁路修筑权,还与清政府签订《展拓香港界址专条》和《订租威海卫专条》,租借了九龙半岛及山东威海卫等地区。

威海卫位于山东半岛最东端,与辽东半岛隔海相对,大海的东面则为朝鲜半岛和日本列岛。地处军事要冲,因而为兵家必争之地。

1895年甲午战争中,威海卫沦陷,北洋海军全军覆没。此后长达三年的时间,该区一直为日本海军所占领。根据《马关条约》规定,清政府在交付全部战争赔款后应收回威海卫的主权。为此,清政府以高额利息的代价,向俄国银行和法国银行贷款,付清甲午战争赔款后,日军于1898年5月9日正式从威海卫撤军。但是根据当年清政府与英国当局签订的《定租威海卫专条》规定,5月24日英国又开始正式进驻威海卫。真可谓"赶走了一只虎,却迎来了一头狼"。

1898年5月9日,日本军队开始撤离威海卫。(明信片)

1898年5月24日下午,英国在威海卫刘公岛举行占领仪式。英舰"水仙号"舰长金·霍尔上校当众宣告:自当日起,威海卫将置于大英帝国的统治之下。(明信片)

威海卫首任文职行政长官骆克哈特(明信片)

威海卫末任行政长官庄士敦。1919年2月,他离任后曾赴京任溥仪的老师。(明信片)

在1900年八国联军侵华战争中，英军从印度招募的雇佣军在威海卫集训，然后乘船赴天津大沽口，进攻天津。（明信片）

1900年，英军在威海卫为入侵北京战争中死亡的士兵举行葬礼。（明信片）

日本

在甲午战争之后,加强了对台湾的殖民统治。第一任总督在加紧镇压台湾抗日运动之际,发布了占领台湾及澎湖列岛的"谕示"。光绪二十四年(1898),日本又强迫清廷声明"不将福建省内之地让与或租与别国",并在厦门建立日本租界。总之,经过多年的争夺和"分赃",各帝国主义国家已基本划分了在中国的势力范围。直至光绪二十六年(1900),八国联军入侵中国,强迫清廷签订了《辛亥条约》,终于使中国彻底沦为半殖民地半封建国家。

日本陆军大将乃木希典。甲午战争中任日陆军第一旅团长,攻占金州及旅顺时,曾纵容山地元治在旅顺实施大屠杀。后任台湾第二任总督。明治天皇驾崩后,自己剖腹自杀以作殉葬。(照片)

日军强迫台湾山地民族服苦役。(照片)

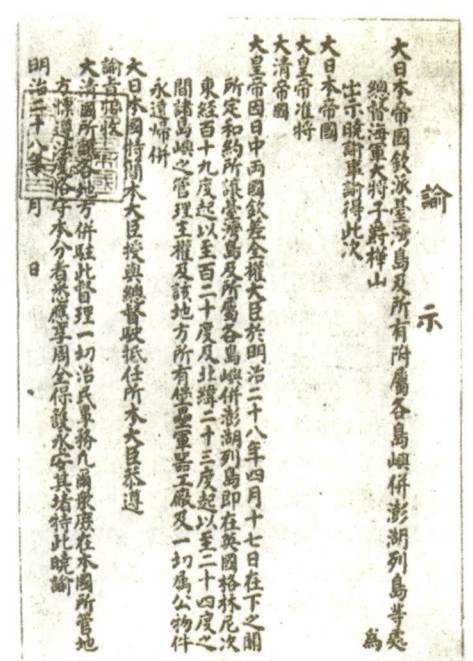

日军驻台湾第一任总督桦山资纪发布"谕示",宣布对台湾岛及所有附属各岛屿并澎湖列岛的占领,钓鱼岛作为台湾附属岛屿同时被占领。

原清朝台湾鸡笼港(基隆港)海关官邸。台湾被日军占领后,成为日军台湾总督府官舍。(照片)

第五章
中日甲午战争

清同治七年（1868），日本发动明治维新，从此走上军国主义道路。明治政府制定了军事扩张的"大陆政策"，把逐步吞并周边国家列为基本国策。

清光绪五年（1879），日本吞并琉球群岛并改为日本冲绳县之后，明治内阁又把朝鲜和中国东北、山东和台湾等地定为其下一步吞并的目标。

光绪十三年（1887），日本参谋本部制定了一份《讨伐清国策》，计划一旦发动侵华战争，即以主力部队攻击中国京城，制服清王朝。之后把辽东半岛、山东半岛、舟山群岛和台湾划归日本版图，其余地方分割为附属国。日本内阁批准这一计划，并提出"以五年为期，作为准备，抓住时机，发动进攻"。

光绪十八年（1892），日本提前完成十年扩军计划，陆军建制达七个师团，海军已拥有军舰31艘。第二年，内阁批准成立战时大本营，负责筹划和指挥侵略朝鲜、中国的战争。

与此同时，日本参谋本部派出次长、特务头子川上亲自出马，以"日中友善"使者名义赴中国各战略要地，勘察地形，并亲自登上北洋舰队的军舰考察，甚至为舰队官兵拍摄"合家欢"照片。回国后，他提出报告，"确信中国不足畏惧"。

光绪二十年（1894）初，朝鲜发生东学党起义，国王李熙请求清政府派兵协助镇压起义，清廷决定派直隶提督叶志超率陆军2000余人乘船于五月初五、初六陆续抵达朝鲜南部牙山。

日本内阁见时机已到，就迅速调派陆军7000余人在朝鲜登陆，占据了汉城附近要地，并对牙山清军实施包围。六月二十一日，日军攻入朝鲜王宫，囚禁国王李熙，扶持亲日派李是应，逼迫其宣布与中国断交，并以国王名义"请求"日本军队把清军驱逐出朝鲜。

东北亚天然良港——旅顺港（明信片）

东北富饶的矿藏资源令日本侵略者日思夜想，沉浸在战争的狂热之中。图为抚顺露天煤矿。（明信片）

 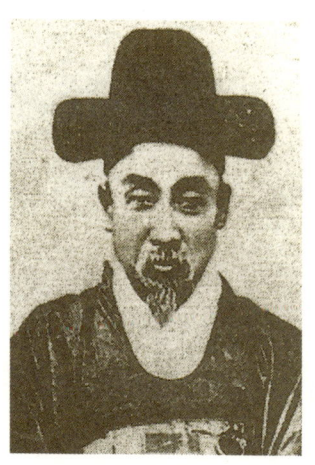 

朝鲜国王李熙，其生性懦弱，终致政权旁落。（照片）

大院君李是应，朝鲜国王李熙的生父。（照片）

东学党首领崔时亨，起义抗击日军，被处死。（照片）

朝鲜贫民阶层（明信片）

从山西调往朝鲜的清军中有不少人有吸食鸦片烟土之瘾,军服腰间常插烟枪,俗称"双枪军",在朝鲜作战时还需要开设临时鸦片烟馆供他们使用。这样一支军队的战斗力可想而知。(明信片)

中日开战前夕，日本军方派遣已在华活动十余年、号称中国通的宗方小太郎冒充中国人，暗赴北洋海军司令部所在地的威海及烟台等地，探知许多军事机密。特别是在天津的间谍探知英国"高升号"商船运载清军离津赴朝增援牙山的准确时间，于是日内阁派出三艘军舰在朝鲜牙山外丰岛海面拦截英国"高升号"商船和护送舰"济远号""广乙号"及运送军械物质的"操江号"。在日舰突然袭击下，"广乙号"中弹起火，失去战斗力，舰长林国祥令舰南驰搁浅，后自行炸毁。"济远号"贪生怕死的舰长方伯谦下令挂白旗临阵脱逃。被两艘护卫舰抛下的英轮"高升号"上的清兵纷纷举枪向日舰还击，但最终被日舰"浪速号"击沉，一千余名清军因坠海而英勇殉职。运送军需物资的"操江号"则被日军俘获，成为日军第一批丰厚的战利品。这一战役也改变了清军与日军在朝鲜牙山战役的力量对比，成为清军的一个噩梦。

当日本海军在丰岛海面对中国运兵船发动突然袭击时，日本陆军混成旅团也同时由汉城南下，向驻守牙山的清军发动进攻。七月初一，忍无可忍的光绪皇帝下诏对日宣战，同时，日本天皇睦仁也下诏对中国宣战，中日甲午战争终于全面爆发。

在日舰"浪速号"的突然炮击下，运载清兵的英商轮"高升号"船体倾斜下沉，1000多名官兵纷纷落入海中，除了少数被外国商船救助外，绝大多数人员不幸牺牲。（明信片）

北洋海军巡洋舰"济远号"。1894年的丰岛海战中，该舰挂白旗逃跑。当年的黄海海战中，又一次临阵脱逃，慌乱中撞沉兄弟舰"扬威号"。战后管带（舰长）方伯谦被判军前正法。甲午战败后，该舰被日舰队收编服役，在1904年参加日本海军对俄国的战争。（照片）

六月二十六日，日军在牙山、成欢一带与清军激战，清军抵挡不住这一攻势，只得往平壤方向败退，由于慌乱中丢弃了全部军械和粮食，因此沿途抢劫朝鲜平民的粮食和衣物。这一战役对后续的战役产生了极为不良的影响。

丰岛海战和成欢陆战的得胜使日军军威大振，日陆军乘胜追击清军。叶志超部六月底从牙山撤退，长途跋涉，七月下旬逃抵平壤，他谎报军情，向清政府邀功，结果清廷不辨真伪，赏银20000两以示嘉奖，还任命其为平壤清军的统帅。叶志超对平壤的防守不作布置，每天和诸将狂喝滥饮，坐等日军来攻。八月上旬，日军先后运送陆军30000余人在仁川、釜山和元山等地登陆，并于八月十三日开始兵分四路包围平壤。十六日，日军发动总攻，经过两天激战，左宝贵等爱国官兵为国捐躯，叶志超弃城继续往中国方向溃逃，平壤被日军占领。庸才败将叶志超由于真相暴露被清廷判处"斩监候"。平壤战役中被俘的一部分清军在监狱中企图越狱，失败后被日军全部处以斩首示众。

朝鲜平壤会战中一批清军俘虏被关押。俘虏均双手被捆绑，日军看守站在后面监视。（照片）

平壤会战的被俘清兵60余人因图谋越狱被发现，全部被日军处以极刑。（此图悬挂于美国波士顿美术馆）

日军为纪念在朝鲜平壤战场上大获全胜发行的一套明信片

平壤战役清军被打败后，大军越过鸭绿江向国内溃逃。清军总指挥宋庆眼见各路兵马败下阵来，士气低落，似已无法挽回，于是决定放弃鸭绿江岸的城镇，随后又接连放弃凤凰城、摩天岭等重要城镇。

日军第一军在山县有朋司令官的指挥下，乘胜追击，仅九月二十六日一个夜晚就在鸭绿江上架起两座舟桥，大军随后迅速跨过鸭绿江。

十月初，日军第二军在大山严将军的率领下，于辽东半岛花园口登陆，十月初七日开始进攻金州。金州是连接旅顺半岛最狭窄的地带，也是最重要的关卡。金州古城城高6米，顶宽4米，城墙气势雄伟，但是经过两天的鏖战，城墙被日军攻破，随后日军立即兵分三路，进攻大连。大连虽有坚固的炮台，并配有最新式的大炮，弹药储存丰富，但守将赵怀益贪生怕死，临阵脱逃，因此日军顺利占领大连，当地的120门大炮及大量弹药、军用物资等全部成为日军的战利品。

日军工兵浸入冰冷的鸭绿江水中作业,当天夜里就架起两座舟桥。(照片)

日军有史以来第一次越过鸭绿江,踏上中国土地。(照片)

日军占领鸭绿江岸平阳。（明信片）

日军占领鸭绿江岸九连城。（明信片）

驻守东北的清军还在使用冷兵器时代的刀剑。（明信片）

日军占领辽东半岛重镇金州城。（照片）

八月十八日,与平壤战役同时,中日黄海海战爆发。十八日晨,完成护航任务的北洋舰队在黄海大东沟附近海面遇到来袭的日军联合舰队。日军联合舰队司令伊东祐亨为了迷惑北洋舰队,令日舰队悬挂美国国旗,逼近北洋舰队后,被北洋舰队司令丁汝昌判断出来,丁汝昌急速令各舰开火投入战斗。这一战役日方共有12艘战舰、北洋舰队则有10艘战舰投入战斗。旗舰"定远舰"平日缺乏维修,当施放大炮时,飞桥断落,站在飞桥上指挥战斗的丁汝昌及外国顾问双双被摔到甲板上而负伤,只得改由管带(舰长)刘步蟾代为指挥全舰队战斗。在日舰集中攻击下,清舰"扬威""超勇"号中炮起火,"超勇"沉没,"扬威"搁浅,失去战斗力。日方"比睿""赤城"受伤退出战斗。战斗至下午,清"致远"弹药即将用完,舰体又严重受损,管带(舰长)邓世昌下令加大马力撞向日"吉野号",准备与敌同归于尽,不幸被敌舰施放的鱼雷击中沉没,邓世昌等二百余名将士壮烈殉国。

"致远舰"官兵合影,中为管带(舰长)邓世昌。此照片由日本派来侦察清军舰队的间谍所拍摄。该间谍却被北洋舰队作为友好使者热情接待,不久后便发生了中日甲午战争。(照片)

在金州和大连相继被攻陷后,日军于十月二十一日开始进攻旅顺。旅顺尽管筑有30座炮台、150门大炮,其中多数又堪称为世界上最先进的巨炮,环海布有水雷,驻有30个营的军队,但是这次日军却是抄陆路进攻,使那些炮台失去了威力。旅顺守军统领姜桂题和龚照玙贪鄙庸劣,临阵退却,只剩下徐邦道部队孤军抗敌,经过三天激战,最后部队伤亡很大,只得被迫突围。

光绪二十年十月二十五日(1894年11月21日),日军第二军团攻进旅顺,在陆军大将大山严的默许下,第一师团长山地元治以为遭到清军杀害的日侦察兵复仇为由,下达了对清兵"格杀勿论"的命令。日军随即在旅顺持续了4天3夜的大屠杀,全城二万余居民遭到了灭绝人性的杀害,只留下了36名居民,负责清理全城的尸体。

日军的暴行被当时在日军中的几位随军西方记者所揭露,在西方世界引起了极大的震动。美国《纽约世界》杂志记者克里曼最先在该刊公布真相,克里曼从旅顺返回日本后,在日本横滨给美国总部发去的短文电报如下:"日军11月21日进入旅顺,对包括老少妇孺在内的非武装住民肆意滥杀,屠杀场面和尸体惨状不堪言表,三日连续大量屠杀,市内军民所剩无几。日军令人颤栗的与文明社会背道而驰的行为,玷污了日本自誉的文明,重新回到了野蛮时代。外国随军记者在恐怖虐杀中不堪目睹,集体愤然离开日军的杀人现场。"

旅顺屠杀事件的元凶——日军第一师团长山地元治。他狂妄地站在渤海湾冻结的冰块上。旁边畏畏缩缩地蹲着的是日军大屠杀中留存下来的脸上被刺字表示加以保护、负责清除城内两万余具尸体的贫民。（照片）

美国《纽约世界》杂志记者克里曼（画片）

由于旅顺是远东地区最重要的战略要塞之一，日本军国主义多年来就一直意图占领旅顺，并把它建设成侵略中国的大本营，屠城事件不管原因如何，它完全符合日本把旅顺变成一个纯粹日本人居住的城市的愿望。因此日本内阁伊藤首相和陆奥宗光外相决定紧急采取措施掩盖事实真相，一方面严令本国报刊不得报道屠杀事件内容，另一方面由驻欧美各国的大使不惜代价花费重金收买了《纽约时报》《华盛顿邮报》《旧金山记事》等报刊杂志，在上面发表文章反驳《纽约世界》记者克里曼的文章。同时，日本政府先后于十二月十六日和二十五日两次发表声明，为自身的野蛮行为辩护。理由大致是清国兵脱去军装穿上民装潜逃或者伪装的清军向日军开枪继续顽抗等等。

不久，美国《旗帜》杂志记者威利阿斯由日本乘船抵达温哥华，随后接受《每日世界报》的采访，并举行战场演说会，介绍亲身经历的旅顺屠杀事件。随后，在美国旧金山，威利阿斯在演讲中，用当时最新技术"幻灯"片，公开了自己用新式轻便相机在旅顺拍摄的虐杀场面。他展示的画面无情批驳了日本政府声明的虚假性，但却激怒了在美的日本留学生，他们合伙组织对他的轮番围攻，同时在几个报刊上对克里曼和威利阿斯等人进行攻击和污蔑。

在这个关键时刻，最令人不可理解的是，清政府驻欧美各国大使，对旅顺屠城事件竟然采取沉默的态度，致使欧美社会对新闻的真实性产生动摇，并随后产生质疑。当然，也许是巨额的贿赂款产生作用，日本政府最终从困境中脱出。

1894年2月欧美各国转载了欧美记者拍摄的旅顺战役照片——在日军屠刀下惨死的旅顺居民被运往郊外埋开。（照片）

1894年2月欧美各国转载了欧美记者拍摄的旅顺战役照片——日军威风凛凛地剑指被屠杀的旅顺市民尸体，合影留念。（照片）

旅顺大屠杀事件，为什么西方世界产生巨大震动，受害国清朝却无动于衷呢？我们分析可能有以下几个原因：

1. 参加旅顺战斗的清朝士兵作为受害者和见证者，是最有发言权的人，可是经历现场的清兵已全部被日军所杀害。此后，日军在相当长时间内仍据守旅顺，并对屠杀现场予以清除，他们改造当地的烧砖厂，把全部尸体重新焚烧，骨灰装入三个棺材再行下葬。

2. 旅顺沦陷之日，正是慈禧太后60大寿欢庆之时，慈禧下令王公大臣及外省封疆大吏把祝寿贡品于十月二十三日送呈。当前方军情急电如雪片飞来、旅顺民众被屠杀之际，慈禧却在颐和园升殿受贺，大宴群臣，连续赏戏三天。一些主战派的大臣上疏，请求停办"景点""移作军费"，慈禧怒不可遏，称"今日令吾不欢者，吾亦将令彼终生不欢"。这样一位专制的封建皇太后，怎么会关心旅顺那些民众的生死呢？

3. 屠城之恶行，在清朝统治史上，实属平常事。清兵攻入山海关之后，对明朝旧臣民就经常采用屠城的方式，以致中原地区人口减少数千万之多。如"扬州十日"（清军在扬州屠城10天，杀死全城军民80万人）、"嘉定三屠"（杀死嘉定民众20万人）等等。李鸿章也因为屠杀苏州城内几万名太平军降兵而遭到英国将领戈登的强烈谴责。四川地区也因经历反复的动乱，成都平原变成荒无人烟的地方。当年由于吴三桂叛乱，清军撤离之际，为了不给叛军留下人口资源，就把成都原住民全部杀尽。清廷在平叛后，只好采取"湖广填四川"的方式，使四川人口逐步恢复过来。

4. 旅顺屠城事件之后，日军接着进攻山东半岛的威海卫，最终导致北洋海军全军覆没。清廷派出李鸿章委曲求全与日本谈判，巨额赔款及台湾的割让，让朝廷焦头烂额，旅顺事件则成为微不足道的事件而无人顾及了。

5. 当时的美英两国政府，正希望在亚洲扶持日本以扼制沙皇俄国的南下扩张，因此对几位记者的揭发事件采取不支持的态度，甚至美国参议院在关键时刻正式批准了"日美改正条约"案，继英国之后，代表西方文明的美国，也正式承认日本是文明国家的一员。旅顺屠城事件由此也就销声匿迹了。

日本出版的《日清战斗画报》报道了日本兵在旅顺展开的惨绝人寰的大屠杀，并将其作为战功计入历史。（画片）

光绪二十年七月十八日（1894年9月17日）的黄海大战，北洋舰队付出了惨重的代价，损失了5艘战舰，而日军联合舰队虽受重创，但没有一艘被击沉，经维修后又重返战场，因而双方海上平衡的力量已发生变化。李鸿章为保住自己的势力，严令北洋舰队躲进山东威海卫港湾内，而外海就此被日军联合舰队所控制。

　　为彻底摧毁中国的北洋海军，日军从国内及辽东半岛调派了二万余名陆军，以大山岩为司令官，在海军的护送下，于光绪二十年十二月中旬（1895年1月中旬）在山东半岛荣成湾登陆。威海卫内的北洋舰队在此关键时刻却放任日军登陆，失去了海上截击日军运兵船的极好机会，以致酿成日后的败局。

　　日军登陆后，立即冒着严寒，踏雪从陆路进攻威海卫的保护基地——南、北帮炮台。十二月底，日军攻占炮台后，又强令被俘的清兵从南、北帮炮台配合日军的海上联合舰队，猛烈攻击躲在湾内的北洋舰队。北洋舰队万万没有料到，清廷花费千万重金购进一大批巨炮建设起来的陆上防御炮台如今却成了心腹大患。东躲西藏的北洋舰队，又遭到日军水雷的袭击，"定远舰""威远舰""来远舰"先后被击中而搁浅或沉没。几天的战斗，多数战舰弹药已耗尽，港内军心动摇。特别是鱼雷艇管带王平企图趁夜幕率十余艘鱼雷艇逃跑，却被日舰发现追击，有的被击沉，有的被俘获，更进一步打击了舰队官兵的士气。

日军第一师旅团长山地元治骑马视察旅顺港。（照片）

日军在荣成县荣成湾登陆。（照片）

日军登陆后，冒着严寒向威海卫进军。（画片）

日军占领威海卫炮台。（画片）

正在调动中的威海卫清军。（画片）

被日军炮火摧毁的威海卫日岛炮台，图为占领该炮台的日军。（明信片）

被清廷撤职留任的丁汝昌，此时已万念俱灰，而舰队内聘用的几位外国雇员乘机鼓动士兵向其施压，逼迫其投降。光绪二十一年正月十五日（1895年2月10日），丁汝昌下令炸沉受到重创的"定远""靖远"两舰，"定远"管带（舰长）刘步蟾在极度悲愤中自杀殉国，第二天丁汝昌也在万般无奈之中服毒自杀。此后，在北洋海军任帮办的英籍人马格禄、美国顾问浩威，伙同道台牛昶昞、管带（舰长）程璧光，借用丁汝昌的名义，由浩威起草投降书，向日本舰队投降；北洋舰队所余舰艇10艘及威海卫储存的大量军械、军需物资和白银全部成为日军的战利品。至此，清廷花巨资经营了十多年的北洋水师全军覆没。

当朝鲜战役、黄海海战和辽东半岛战役清军溃败之际，清廷急忙拜访欧美各国驻华公使，希望能出面调停战事，以挽救败局。这时日本与美国达成交易，同意让美国驻华公使田贝为调停人，其他国家人员一概不予承认。美国驻华公使田贝的调子是一边倒，他传达日方条件：清政府必须派出恭亲王奕䜣和李鸿章等一级人物赴日谈判，并需具有割让土地的权力，否则日本绝不停战。

北洋水师提督丁汝昌（照片）

北洋舰队"广丙舰"管带（舰长）程璧光，担任递交投降信的代表。晚年任民国海军总长，1918年被暗杀身亡。（照片）

威海卫炮台相继失陷，北洋舰队前后受敌，陆军鼓噪哗变要求降敌求生，走投无路之中，丁汝昌引咎自杀。（画片）

当清军在战场上一败再败，且日本内阁的和谈条件也已开列出来之际，朝廷大臣义愤填膺，光绪皇帝也一筹莫展，只得征求大家意见。此时，各种"妙策"便纷纷出台：奕䜣、徐用仪等人认为"宗社为重，边徼为轻"，主张权衡利弊，应满足日本要求，割让荒远的边徼之岛台湾，以换取朝廷宗庙的安全；翁同龢则提出了一个宁可多赔款而不可割地的方案；江南重臣张之洞上疏"请联络（西方）各国，以新疆数城赂俄，以西藏之后藏一带赂英，使其助我剿倭"；礼部右侍郎志锐、翰林院侍读学士文廷式主张送给英国二三千万两银子，"资其兵费"，从而"联英伐倭"；李鸿章则密访英国驻华公使欧格纳，表示如果英国出面结束战争，清政府将在一定年限内把全部行政管理权移交给英国，由英国改组和控制中国陆海军，允许英国在中国修筑铁路、开矿，并增加通商口岸。

许多大臣提出的"以夷制夷"方法，其实是把一个强盗赶走、把另一个强盗请进来的荒诞之举。这时的慈禧，却推病不出，把问题扔给光绪，光绪于万般无奈之际，只好授予李鸿章赔款割地的权力。

北洋舰队"镇远舰"被日军缴获后,日军加以整修,接替甲午海战中被击伤的日联合舰队指挥舰"吉野号"。(明信片)

光绪二十一年三月二十三日（1895年4月17日），李鸿章与伊藤博文、陆奥宗光在日本马关正式签订条约，史称《马关条约》。内容主要有：1. 中国承认朝鲜为完全无缺之独立自主国；2. 中国割让台湾全岛及所有附属岛屿、澎湖列岛和辽东半岛给日本；3. 中国赔偿日本军费二亿两；4. 增设沙市、重庆、苏州、杭州为通商口岸；5. 日本臣民可在通商口岸投资设厂。此外，规定中国不得逮捕为日军服务的汉奸分子。

日本首任内阁总理大臣伊藤博文（照片）

日本外相陆奥宗光，甲午战争主战派。（照片）

李鸿章带着儿子赴日本广岛马关签订条约,在会场中,地上还放着一个从中国带来的痰盂,显然李鸿章已经意识到会场上不能随地吐痰了。(画片)

当《马关条约》中关于割让辽东半岛和台湾的消息提早被披露后,立刻在西方列强之间引起轩然大波。

沙俄一向视中国的东北、华北为自己的当然势力范围,而且早就盯上了旅顺这个天然不冻港,因此改变了原来袖手旁观的态度,迅速出面邀请西方大国拟出一个对日本的警告:"日本如兼并旅顺口,将永远阻碍中日两国良好关系的重新建立,并且将永远威胁东亚的和平。"美英两国原来就希望扶持日本以扼制沙俄在东亚的扩张,因此对沙俄这一建议不感兴趣。法国与沙俄刚在欧洲签订条约,法国总统还对日本独自吞并台湾耿耿于怀,因此与俄国一拍即合;德国因感到俄法联盟在欧洲已威胁其利益,因此同意加盟,希望转移俄法在欧洲对自己的压力,同时借此向清政府表功,以图在山东获取一个地盘。于是,俄、法、德三国正式出演了"干涉还辽"的一幕。

4月17日,也就是《马关条约》签订的同一天,沙俄政府正式邀请德、法两国大使同时赴日本外务省,向日本提交备忘录,警告日本应"放弃领有辽东半岛",限日本政府在15天之内答复。

三国为威慑日本,还在军事上作出相应布署。沙俄停泊在日本及中国港口的军舰,日夜升火待发,官兵不准离舰一步,准备随时开战。而法国决定派出军舰10余艘,德国则派出军舰6艘,日夜兼程开赴远东。

对突如其来的三国联合干涉,日本内阁陷入恐慌之中。因为日本经与中国一战,海军已疲弱不堪,自知根本无法与三国对抗,于是只得订立城下之盟,同意接受"三国政府之友谊忠告,约定抛弃辽东半岛之永久领有"。

在朝鲜战争中，日军踩着朝鲜国王，手牵着清军俘虏，大踏步前进。而此时，北方俄军正密切注视战场的进展情况。（漫画明信片）

沙俄警告日本应放弃领有的辽东半岛。（漫画明信片）

德国皇帝威廉二世（照片）　　法国总统福尔（照片）

俄国沙皇尼古拉二世（照片）

由俄国主导的三国干涉还辽行动让日本人十分不满。(漫画明信片)

但日本政府对清政府却坚持一步不让，要求清政府偿付库银5000万两作为"酬报"，最后谈判敲定，清政府增付3000万两白银作为"续辽"费用。

随后，李鸿章与日本外务省次官林董签订了所谓的《辽南条约》，追认了上述协议。

甲午战争中清朝军队的惨败和《马关条约》的签订，既是清朝统治者消极防御和一味妥协的恶果，也彻底暴露了中国末代王朝腐朽和没落的本质。赔款总额2.315亿两白银，相当于清政府年度收入七千多万两白银的三倍多，日本政府年度财政收入八千万日元的四倍多（2.315亿两白银相当日元3.4725亿元）。而日本军队占领的旅顺、威海卫、大连的军港设备，北洋舰队被收缴的十艘军舰，还有大量枪炮、弹药、国库钱粮，以及在东北各城市、乡村劫掠的金银珠宝古董等合计约为6亿日元的财物，这些又等于赔款数额的二倍多。经过甲午一战，日本一跃成为全世界最大的暴发户。几年以后，它开始跻身世界强国之列。

日本从甲午战争中获得的丰厚回报令西方列强艳羡不已。

日本用战争赔款及战利物资新建的工厂数量为原有的两倍多（原有工厂2700余家，1896年为7600余家），特别是三菱、三井、住友等几个大财团都是这个时期起家的，它们已成为日本军工业的支柱。这为日后日本军国主义发动日俄战争和对华侵略战争准备了充足的军事资源。而中国台湾的被割让，又大大刺激了帝国主义列强的野心，从此各帝国主义国家更肆无忌惮地掀起了瓜分中国的狂潮。（漫画明信片）

第六章
台湾的开发与"台湾民主国"事件

台湾自古以来就是中国的领土。南宋时期，台湾即隶属福建晋江县管辖，元代时在澎湖设巡检司，统管台湾，仍隶属晋江县。从17世纪以来，西方殖民者就把台湾当作他们侵略的目标。明天启四年（1642），荷兰侵略者首先强占了台湾南部地区。天启六年（1626），西班牙殖民者也入侵了台湾北部，到崇祯十五年（1642），荷兰人把西班牙人赶出台湾，从此独占台湾。

清顺治十八年（1661）三月，一直在中国东南沿海坚持抗清的郑成功为了解决大军的后勤给养问题，率领将士2.5万人，大小战船数百余艘，由金门岛的料罗湾出发，次日到达澎湖列岛。四月初，郑军顺利夺取了赤嵌城，经过长达八个月的包围和战斗，十二月十三日，荷兰侵略军被迫投降，结束了对台湾长达38年的殖民统治。

康熙元年（1662）五月初八日，郑成功病逝，年仅39岁。郑成功的儿子郑经继位后，由于坚持抗清的立场，因而一直成为清王朝的心腹大患。

康熙皇帝对台湾采取先招抚后武力的政策，多次派员赴台招降郑氏政权，但均以失败告终。康熙二十年（1681）正月二十八日，郑经病故，其长子被杀害，年仅12岁的次子郑克塽即位。同年六月初七日，康熙发出了进兵收复台湾的旨令。

施琅受命出任福建水师提督，于康熙二十年七月抵厦，整顿水师，选拔将领。康熙二十二年(1683)六月二十四日，施琅统领水师三万余人、战舰三百余艘进攻台湾。在澎湖战役中，郑氏海军大败。鉴于大势已去，七月，郑克塽和刘国轩只得向清廷上表请降，清朝终于正式统一台湾。

1683年,清政府统一台湾。1722年,清政府设置了巡台御史,此图描绘了雍正年间巡台御史巡视台湾的情景。(〔清〕《巡视台湾图卷》)

清廷统一台湾后，于康熙二十三年（1684）设立台湾府。隶属福建省，成为福建省第九个府，即福建台湾府。1885年，台湾省仍为福建台湾省。每年由福建拨银44万两支援台湾，补充台湾建设的经费。

19世纪70年代后，中国边疆危机空前加剧。日本自清同治七年（1868）实行明治维新，迅速走上了资本主义道路，并极力推行海外扩张政策。同治十一年（1872），日本强封琉球国王为藩王，十三年（1874），强迫琉球与中国断绝关系，同时设立台湾事务局。光绪五年（1879），日本正式吞并琉球，改称日本国冲绳县。从此，琉球成为日本侵略台湾的跳板。

清廷为加强台湾的管理和防务，派出了船政大臣沈葆桢带兵舰巡视台湾。沈葆桢提出了将"开山""抚藩""建立海防"等诸种措施融为一体，从而为台湾的近代化建设奠定了良好的基础。到光绪元年（1879）时，他已依靠兵勇在全台湾开出北、中、南三大道路，规定地段平坦地区路宽一丈，山岭地区则路宽六尺。他还宣布台湾向大陆开禁，鼓励福建乡民前往台湾开发，并制订免费渡海，发给口粮、耕牛和种籽的措施。

同年七月，沈葆桢被调任两江总督，台湾事务交由福建巡抚王凯泰办理。此后又陆续有丁日昌、吴赞诚、岑毓英等人先后担任此职。清廷议定福建巡抚冬春两季驻守台湾，夏秋两季则驻守福建，两地兼顾。

光绪十年（1884）五月，中法战争的战火由越南烧到中国东南沿海。法国远东舰队兵分两路进攻中国。一支舰队进攻台湾基隆，遭守军还击，被逐回海上；另一支舰队进攻马尾，由于清廷采取妥协政策，马尾海军被击沉9艘军舰，几乎全军覆没。

同年九月，为加强台湾防务，清廷任命督办台湾军务的刘铭传为福建巡抚。光绪十一年五月，他坚决要求辞去福建巡抚一职，请求专驻台湾。同年九月，清廷正式发表台湾建省的上谕，即福建巡抚为台湾巡抚，福建省事务归闽浙总督杨昌睿兼理，而刘铭传成为首任台湾巡抚。

奏为查明世职云骑尉恩骑尉请准分别承袭缘由恭折具奏祈

圣鉴事窃照原任广东海门营参将陈名照奉委巡洋在牌菊洋面被贼我害经部臣议给云骑尉世职袭次完时毋庸给予恩骑尉等因又部咨署福建台湾北路右营守备事原任北路中营千总沈登龙协带兵勇剿办逆匪在于六地方阵亡又原任福建水师提标中营把总陈建勋管带兵丁押运军装赴台事竣内渡被风溺毙南礁外汕海鲎又原任福建漳州镇标右营把总林荣功带兵前赴湖南征剿阵亡勋毙因阵陈建勋管带兵丁押运军装赴台事竣被世职王扶宗堪准接袭恩骑尉世职均发各营收标学习又黄德恒奕宝麟均堪准承袭云骑尉世职文举人罗俊琚堪准承袭云骑尉世职除侯咨议员期满及岁另行照例办理计分别咨行查照毅将圆册供具

敕书容部发给外臣谨缮具圆册恭呈

皇太后

奏伏乞

皇上圣鉴敕部分别撰拟敕书议覆施行谨

奏

军机大臣奉

旨兵部议奏单并发钦此

同治九年（1870）闽浙总督兼署福建巡抚英桂奏折，内容为报告"署福建台湾北路右营千总沈登龙阵亡"及"原任福建水师提标中营把总陈建勋押运军装赴台溺毙"等官员身亡并举荐部分官员之事，后又墨书"军机大臣奉旨兵部议奏单并发钦此"。

總理平安輪船事務幫辦台南通商委員候選同知薛樹聯為報銷事竊照上歲

於去年九月間奉

憲台札委購買平安輪船以便由廈設法潛運軍械易丁到

台俗用業將購辦該船定給船工人工伙食及向英商借歇

發給船價一切情形先後分晰稟明在案嗣於十二月初六

日續奉

憲台札開著並將船上駕駛人等辛工伙食煤炭車油月需銀

若干及按月收支數目飭該丞逐款分晰開摺稟報核辦等

因奉此茲謹將去年九月起至十二月止計四月共逐銀叁

萬伍仟叁百捌拾玖兩正共支銀叁萬肆仟玖百陸拾兩零

捌錢叁分壹釐叁毫伍絲除支實存銀肆百貳拾捌兩

壹錢陸分捌釐陸毫伍絲逐一分晰進支數目造具四柱清

冊送呈報銷理合具文俻冊申報為此具申伏乞

憲台察核施行須至申者

計呈四柱清冊一本

右

申

欽命三品頂戴按察使銜分駐福建台澎兵備道寔戴鲁劉

公函內文

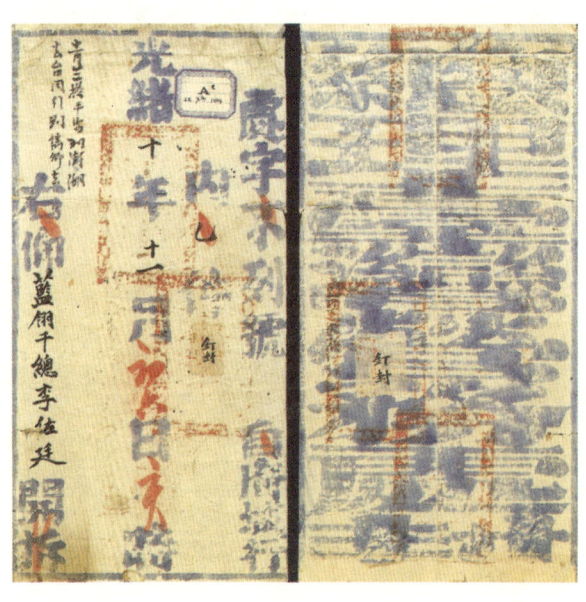

光绪十年（1884），福建巡台澎兵备道刘璈致函南翎千总李佐廷，谈及租购英轮"平安轮""潜运"兵员，并委托李千总照料船务账事宜。此图为公函封套。

实寄封

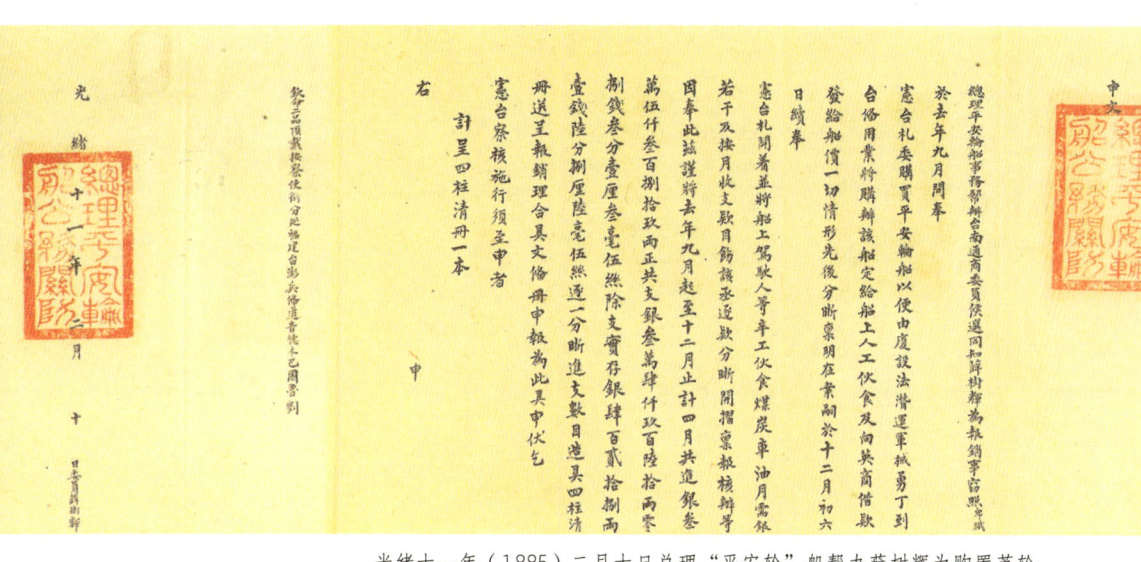

光绪十一年（1885）二月十日总理"平安轮"船帮办薛树辉为购置英轮"平安轮"报销运兵费等事务致函分巡福建台澎兵备道刘璈，图为公函封套。

光绪十二年（1886）刘铭传开始对台湾省的行政区划进行较大调整。同时，从三方面入手建设台湾：一、开化高山族山民，加快其汉化速度；二、清理台湾财政，积累近代化资金；三、以国防为龙头，开展近代化国防建设。

从光绪十三年（1887）开始，刘铭传决定招商股建设台湾南北铁路。十四年（1888），因集资困难，清廷将铁路改归官办。光绪十七年（1891），基隆台北段建成通车，光绪十九年，台北新竹段也建成通车，两段全长107公里，成为当时最早由清廷自行修造的铁路之一。

刘铭传治理台湾7年，还建设了800里的电报线，定造轮船4艘和南洋集资购买2艘，开辟台湾至大陆、东南亚的商业航线。

光绪十四年（1888）正月，刘铭传仿照西方邮政章程办法，在台北成立邮政总局，发布告示，任命道员陈鸣志为邮政总局总办。同年（1888）二月初十，正式开办邮政。邮政用邮票则分为两种：公文用邮票史称"台湾邮票"，先后发行两次；另一种为"台湾邮政商票"，供民间普通信函及现金银票、包裹汇寄使用。

当刘铭传在台湾推行公用邮票"台湾邮票"和民用邮票"邮政商票"之后，当时执掌中国海关大权的赫德正试行海关邮政，为插手台湾邮政，他就在清代海关小龙光齿票上加盖中文"台湾邮票"和英文"FORMOSA"(福尔摩萨)两种文字，分为3分紫色和5分橄黄两种，全套4枚，拟在台湾发行，同时在台设立海关邮政，但遭到刘铭传的抵制，因此本套邮票未能正式发行。

此后不久，台湾邮政总局向英国伦敦维尔金公司定制了一批正式邮票，这套邮票图案上部为一条龙，寓意清朝，下部为一匹马，象征邮政，史称"龙马邮票"。全套两枚刷色分为红、绿两种，邮资均为"制钱20文"。但不知何故，此套邮票又未使用，而恰逢台北锡口段火车通车，当局就以此邮票代火车票使用。当此套邮票改作火车票时，加盖或手写到达站名及票资后使用。

  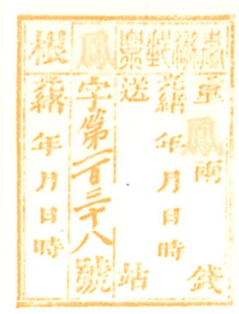

台湾第一次公文用站票3枚,其中两枚分别加盖红色"燈"字(宪辕署)和"鳳"字(凤山县署)字样以示地区不同。

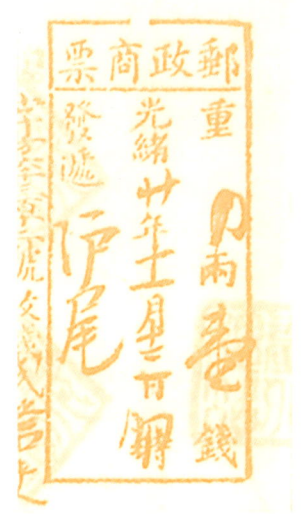

台湾邮政商票剪票

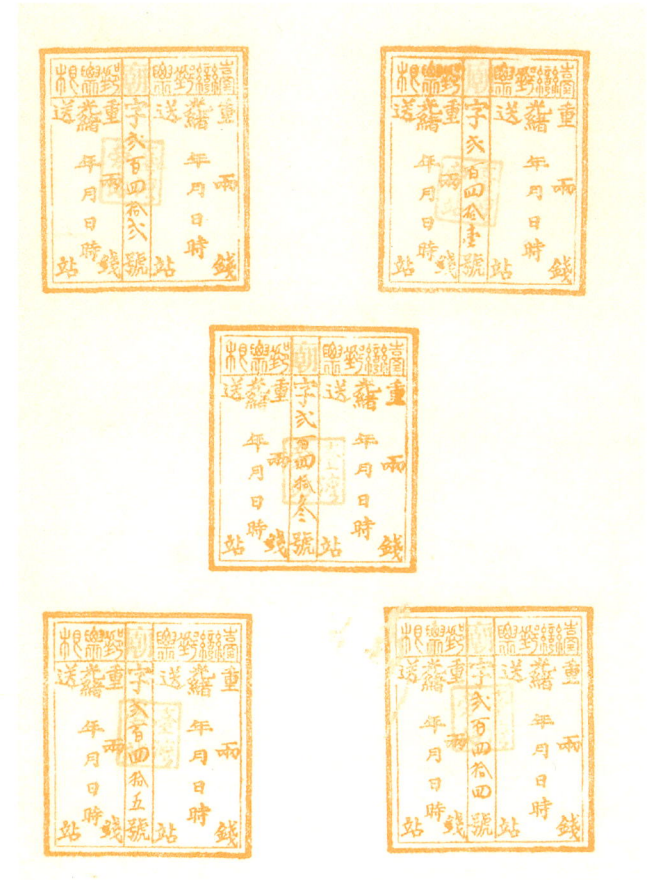

台湾第二次公文用站票5枚全张,加盖"廟"字

光绪十四年（1888）二月台北抚垦总局寄双溪口抚垦分局驿站实寄封一件，封贴有台湾第一次官用邮票一枚，邮票剪去存根部，标明"光绪十四年二月二十六日申时"及"送台北总站"字样，为目前发现的台湾官用邮票驿站实寄封最早的函封之一。

台湾龙马邮票全套2枚，刷色为红、绿两色，面值均为二十文，未正式发行。

加盖"台湾邮票"和英文"FORMOSA"文字小龙光齿票全套4枚，分3分紫色和5分橄榄黄两种，此套邮票上由于加盖英文"福尔摩萨"一词，被刘铭传所否定。

台湾龙马邮票红、绿两枚，加盖和书写文字后改为火车票用。

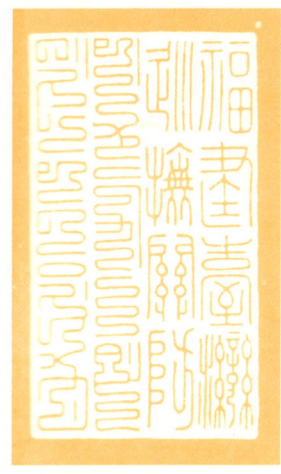

清代福建台湾巡抚
关防官印

清代福建台湾布政使衙门（照片）

光绪十八年（1892）台北寄定海驿站官封套一件，为"时任台湾巡抚头品顶戴兵部侍郎卫兼都察院右副都御史巡抚福建台湾等处地方提督军务兼理粮饷海关学政邵友濂"寄"统领沪尾定海前中等营兼管炮队李营门"公函。但封上有"非巡宪印信，恐招摇也"手书字样并有"查办假信案"，盖有"台北总站光绪十八年十一月初九"印记，表明写信人可能假借巡抚名义行敲诈之实。

刘铭传在台湾施政共7年时间（光绪十年[1884]——光绪十七年[1891]）。退任后，布政使邵友濂接任台湾巡抚，他随即收缩了刘铭传当年的新政规模，并把清军削减了一半。当1894年中日两国在朝鲜开战后，他便通过关系调离台湾，任湖南巡抚，而由布政使唐景崧继任台湾巡抚。唐上任后感到东北形势紧急，于是立即募兵强化防卫台湾，从广东调入大队清兵支援，以防日军的入侵。

《马关条约》签订之后，台湾全岛震惊。广大军民强烈抵制，他们致电清朝政府反对割让。全岛民众"奔走相告，聚哭于市中，夜以继日，哭声达于四野"，同时，台北民众鸣锣罢市，抗议割让台湾。号召"全台不准运出饷粮，制造局不准停工，需将台湾的税收全部留作抗日之用"，"愿人人战死而失台，决不愿拱手而让台"。

割让台湾也遭到许多清廷大员反对，台湾巡抚唐景崧在《马关条约》签订当天，立即向总理衙门发电，表示"割台，臣不敢奉诏"，福州将军庆裕也去电主张："台湾要害，国事人心，关系綦重，万不可弃"。但清廷以"台湾虽重，比之京师则台为轻，……又台湾孤悬海外，终久不能据守"为由，决心割台。随后清廷派出李鸿章之子李经方为割台专使，前往澎湖与日方交割台湾事宜。日本天皇任命桦山资纪为台湾总督赴台接收。

台湾人民知道割台之事已不可挽回，就决定独立自救，抗击日本侵略军。台湾爱国人士丘逢甲提出了"人自为战，家自为守"的口号，同时还提出成立"台湾民主国"的主张。光绪二十年五月初二（1895年5月25）"台湾民主国"正式成立，唐景崧被推选为总统，国旗为"蓝地黄虎"图案，年号为"永清"，寓含永远隶属清朝之意。

台湾巡抚唐景崧（左一）（照片）

台湾爱国义士丘逢甲（1864—1912），生于台湾苗栗。《马关条约》签订后，他三次刺血上书，要求"拒寇守土"。被推为义军统领，后退回大陆，自称"台湾遗民"。（照片）

1895年6月11日,日本皇族北白川宫亲王率领近卫师团进入台北城。(画片)

"台湾民主国"国旗（画片）

"台湾民主国"成立后，起草了向全台湾民众的布告书，独立宣言用汉语、英语和日语写成，通过各国领事、教会长老向世界传达了台湾民众的意愿。独立宣言曰：

"台湾民主国"总统，前署台湾布政使唐为晓谕事：照得日本欺凌中国，大肆要求，此次马关议款，于赔偿兵费之外，复索台湾一岛。台民忠义，不屑俯首事仇，屡次恳求代奏免割，总统亦奏多次，而中国欲昭大信，未允改约。以为事关军国，必须有人主持，于四月二十二日士民合集本衙门递呈，请余暂统政事。经余再三推让，复于四月二十七日相率环呼；五月初二日，公同刊刻印信，文曰："台湾民主国总统之印"，换用国旗"蓝地黄虎"捧送，前来窃见众志已坚，群情难拂，不得已为保民起见，俯如所请，云暂视事。即日议定，改台湾为民主之国，国中一切新政，应即立议院，公举议员，评定律例章程，务归简易。惟是台湾疆土，荷、郑、大清经营缔造二百余年，今须自立为国，感念列圣旧恩，任应恭奉正朔，遥作屏藩，气脉相通，无异中土，照常严备，不可稍涉疏虞。民间有假立各号、聚众滋事、籍端仇杀者，照匪类治罪。从此台湾清内政、结外援、广利源、除陋习，铁路兵轮次第筹办，富强可致，雄峙东南，未尝非台民之幸也。

特此晓谕全台告知。永清元年五月二十五日

五月初六（1895年5月29日），日军从台北三貂角登陆，随后攻占瑞芳、基隆等地，又接着进攻台北。唐景崧眼见无力回天，就潜离台北到淡水，乘法国商船"鸭打号"返回大陆。

五月下旬，日军分两路进攻新竹。徐骧、吴汤兴、姜绍祖率义军及清军将领杨载云分路截击日军，与日军进行了长达一个多月的拉锯战，姜绍祖不幸牺牲。六月，徐骧义军和吴彭年的黑旗军所部在大甲溪一带与日军激战，严重挫伤了日军的锐气。

六月初（1895年6月26日），台湾民众公推黑旗军首领刘永福将军为新领袖，领导抗日运动。这时的抗日武装形成了三支队伍：刘永福的黑旗军，台湾知府黎景嵩所辖的新楚军和以徐骧、吴汤兴、姜绍祖为首的民众义军等。

日军近卫师团用七厘米山炮炮轰台湾抗日义军。（明信片）

日军近卫师团长北白川宫亲王（正中间坐者）遭到抗日军袭击而身亡，日军怕影响士气，诡称其得病而亡。（照片）

面对资金、物资的缺乏，刘永福听取了台南安平海关代理税务司麦嘉林（英人）的建议，于七月初（1895年8月中旬）正式开办了民主国邮政，先后发行了三次"台湾民主国邮票"。邮票主图采用了台湾民主国的独虎形图徽，因此又称为"独虎邮票"。邮票上部是篆体字"台湾民主国"，左边是"士担帋"三字（即"邮票"的英译音），右边是邮票的资费，邮票资费采用印刷时留空后再补盖数字的方式。"民主国"邮政当时规定，商民或侨民交寄信件，必须由寄信人购买邮票粘贴在信件上，然后交给邮政局，经过检查后方准寄递。"民主国"政府曾因此逮捕了几名从安平往厦门寄信件的日本间谍，在这些间谍身上搜到了日本人的信件和台南的地图，这几个人均被处以极刑。

为加紧征服台湾，日军从中国东北及国内补充抽调了两万余兵力赴台，于七月二十三日登陆，八月中旬到达彰化，向义军展开了反扑。八月二十一日，日军攻入嘉义，九月初二日，进攻曾文溪。战斗中，义军首领徐骧、总兵柏正材英勇捐躯。随后，日军进逼台南城下，刘永福见局势已经无法挽回，只得带领几位部将由安平港乘英国商船"选利士号"返厦。抗日战士一千五百余人同时乘坐德国商船"费斯号"离开台湾赴厦，另有刘永福部下约五千余人向日军投降。九月初四，日军攻入台南府城，"台湾民主国"最终归于失败。这场战争，台湾抗日军民牺牲一万七千余人，日军战死及疫病死亡者达一万余人，此后，台湾各地民众包括少数民族陆续进行的抗日战争，此起彼伏，持续十余年时间。

1895年12月13日，就在第一任日本殖民台湾的总督桦山资纪宣布"全岛完全平定"的二十几天后，黑旗军旧部林大北在宜兰率领义军打响了台湾沦陷后抗日的第一枪。

林大北的义军唤起了各地台胞的反抗意识。以后逐渐形成了以北部简大狮、中部柯铁和南部林少猫为主的多支抗日义军，简大师、柯铁和林少猫被当时台湾民众称为"抗日三猛"。

黑旗军首领刘永福将军（照片）

　　1895年9月5日台南寄厦门信件信封，贴台湾"民主国"独虎邮票次50钱红色宽边一枚，盖台湾"民主国"台南1895.9.5双圈小圆戳和1895.9.20厦门工部局到达戳。

第一次独虎邮票于1895年8月发行,用透明棉纸印刷,全套3枚,面值为30钱(黄绿)、50钱(洋红)、100钱(紫色)。

第二次独虎邮票于1895年8—9月间发行,多数用连史纸印刷,全套3枚,面值为30钱(蓝)、50钱(洋红)、100钱(紫色),以上3枚邮票均盖有台湾民主国双圈大圆戳。

  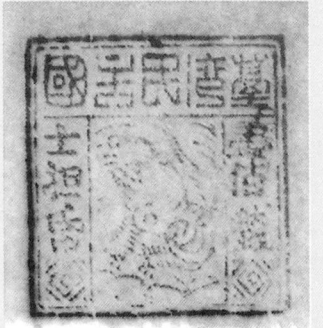

第三次独虎邮票于1895年9—10月间发行,多数用连史纸印刷,全套3枚,面值为30钱(蓝)、50钱(洋红)、100钱(紫色)。

1895年10月，进攻台南嘉义的日军遭到抗日军民的顽强抵抗。嘉义失守后，日军大肆搜捕，处决抗日义士和他们的家属。（照片）

日军对台湾抗日义军施行残酷镇压。（照片）

战斗到最后一刻的台南黑旗军战士。（照片）

日军入侵台北后，简大狮的亲人先后被日军所杀害，怀着对日军的深仇大恨，简大狮于光绪二十一年（1895）十一月二十七日带领六百多名义民揭竿而起，攻打江头，切断日军电话线，与日军赤狗技队展开巷战。

光绪二十三年（1897）五月七日晚，简大狮会同詹振、陈秋菊等率领另一支抗日义军近五千余人，攻占台北奎府街等地，后来遭日军反击，只得退入大屯山中。此后，他继续率义军与日军血战近百余次，给日军当局以沉重打击。

最后，由于处境艰难，简大狮于光绪二十四年（1898）搭乘外轮潜回祖籍地漳州，避居于杨老巷简氏祠堂内。日间谍获悉后，威迫清廷围捕，腐败的清廷竟把他引渡给日本台湾当局。光绪二十六年（1900）三月二十二日，简大狮在受尽日军酷刑后英勇就义于台北监狱。

简大狮被杀害的消息激起全国人民的无比愤慨。当时上海《申报》发表评论："全台无寸土为中国所有，上天公道，列祖列宗英灵，独留一台湾义民简大狮为中国争气，为全台争气，此中国最有义气之人。"

简大狮率领义军攻占台北奎府街等地。（画片）

台湾中部义军以柯铁为首，一直坚守在云林县附近的大坪山上。1896年6月，柯铁率领各部义军出击，收复了云林、鹿港、彰化和嘉义等地。1900年2月，柯铁不幸病逝，失去首领的余部不久后被日军逐个击破。

台南林少猫的义军主要活动在台南凤山一带，行踪飘忽不定，不断给日本殖民者以打击。1898年12月，林少猫的数千名义军攻打潮州，与日军血战三天三夜，令日军闻风丧胆。1902年，林少猫不幸被日军当局诱捕后杀害，余部后来因而离散。

此后，台湾人民武装抗击日军占领的斗争转入较小规模的阶段，据历史学家统计，在日本殖民统治台湾期间，遭日寇残杀的台湾民众达六十万人之众。

日军在台湾各地监狱设立绞刑架,绞杀抗日义士。(照片)

抗击日军入侵的台湾少数民族首领(照片)

在镇压台湾各地起义军的同时，日本台湾当局实施了"保甲条例"，规定10户为一甲，10甲为一保，全保全甲实行内部连坐，只要一甲之内某户出现犯罪，同甲户的人都必受到惩罚。

日军又组织壮丁团，成为日军剿杀抗日义军的炮灰，壮丁团人数最多时达到十几万人。此后，日军又在全台推行奴化教育，从初等教育阶段就推行强制日语教育，同时下令撤销春节等中华传统节日，摧毁台湾原有的民间崇拜的庙宇，改设日本的天照大神，中小学生强制规定每月一、八、十五日都要按时参拜神社。最后又禁止中国人使用中国名字，强迫改用日文名字等。

总之，日军占领台湾的50年间实施的"皇民化"教育，保障了日军的统治基础，也在几代台湾人的心理中逐步消除了中华民族的观念。

日本当局肆无忌惮地掠夺台湾丰富的矿产资源。他们以军管的名义，把台湾的各种矿产运回本土，迅速地发展了日本的钢铁工业、冶金工业和军工业，制造了能和美国相匹配的大量航空母舰、巡洋舰等海军舰艇和空军力量。此外他们还盯上了那些生长了几千年而耸入云天的神木，为此残酷地镇压了阿里山的少数民族部落，并修建了小铁路，把几十万根神木运回日本，用以修建皇宫、靖国神社及全国各地的神社、寺庙和城市建筑等。对殖民地资源的贪婪掠夺极大地刺激了日本军国主义的神经，最终日本疯狂地发动了第二次世界大战。

第七章
义和团运动

甲午战争后，帝国主义国家掀起了瓜分中国的狂潮，民族危机进一步加深。山东地区是帝国主义入侵中国的重要省份，在经历中日甲午战争主战场威海卫海战的惨痛失败后，接着又有德国强占胶州湾、英国强租威海卫等一系列帝国主义列强入侵事件发生。德国在山东修筑铁路，强占大量矿山，造成当地人民流离失所，同时，天主教、基督教等外国教会在山东兴建了一千余所教堂和教会组织，激发了教会与当地民众的矛盾。

应该说，进入中国的外国传教士，许多人是本着虔诚的心来传教的，但是其中也混进了一批无赖之徒，对中国乡民傲慢无礼，不可一世，有的甚至恶意敲诈。特别是为兴建教堂，在地方官吏的包庇下，他们强征民田、强拆民房和寺庙，以至屡屡酿成激烈的对抗；还有一些中国教徒，入教以后就不再祭拜祖先，抛弃一切民间礼俗，以至与家人、亲族和邻里产生各种纠纷，甚至有些人利用教会的名义，横行乡里，作威作福。这些矛盾激化后，往往导致民众把矛头对准传教士和教堂，出现攻击传教士和焚烧教堂事件。许多失地的农民和流民，通过加入义和团将心底对教会郁积的仇恨发泄了出来。

外国传教士在城里向民众传教。(画片)

A Missionary selling the Scriptures in Hankow.
Copyright: London Missionary Society, 16, New Bridge Street, E.C.

一名外国传教士向中国民众出售《圣经》。(明信片)

俄国在东北建立了许多东正教教堂。（明信片）

西方各国在中国建立了大量天主教和基督教教堂。（明信片）

义和团原名义和拳，分别源自大刀会、白莲教、梅花拳等民间教派和组织。这些组织本来属于反清的秘密会社，后来演变成反对外国教会、反对帝国主义入侵的民众组织。光绪二十四年（1898），山东巡抚张汝梅奏请朝廷"将拳民列诸乡团之内"，即纳入清政府控制之内。光绪二十五年（1899）夏天，继任山东巡抚毓贤上奏将"义和拳"改成"义和团"，但在一边招抚的同时，一边又采取打击的方式，诱捕杀害了具有广泛影响力的义和团领袖朱红灯和心诚和尚。同年，袁世凯继任山东巡抚，又残酷镇压义和团和反帝斗争。因此，义和团除部分转入地下斗争以外，多数被迫转移到直隶和京津一带，其影响扩大到山西、河南和东北等地。

由于义和团的旗号是"扶清灭洋"，对清王朝并未实行对抗方针，只打击洋教洋人，也正合慈禧太后的心意。光绪二十六年（1900）五月，经过朝廷大臣反复争议之后，慈禧太后决定招抚义和团，以打击列强在京的势力。

在清政府保守势力的纵容下，义和团在京津一带焚烧各国教堂，驱赶外国传教士，滥杀信教的中国教民，并进而攻击各国大使馆区。

画中的外国传教士在街市上为民众所侧目,如画中文字所示,他们已俨然成为了中国许多老百姓心目中的"外来的邪魔"。(画片)

义和团团民像，头巾上绣着"佛"字，胸前挂着平安牌。（照片）

董福祥所部的甘军战士。

为阻止八国联军对天津和北京的进攻，慈禧太后钦命董福祥所部的甘军作为主力（原为农民起义军改编）和义和团一起抗击八国联军的进攻。（照片）

义和团和甘军在北京进攻东交民巷外国使馆。（明信片）

义和团成员手举着"钦命义和团"旗子，显示其为一个坛口所在地。（照片）

义和团团民在街上行走，引起民众的关注。（照片）

八国联军入城后，残酷地镇压义和团运动。在义和团总部庄王府所在地，被联军包围枪杀和烧死的人员达一千七百余人。疯狂的刽子手把北京变成"真正的坟场"，大街小巷，血流成河，以至全城"百室之中，所全不过十室"。

慈禧太后为保全自己，在李鸿章与联军统帅签订《辛丑条约》前后，又下令对义和团进行彻底搜捕和剿杀。最后，她才率领逃亡的宫廷人员返回京城。

这些被捕的义和团成员其实是朴实的河北农民，但最终也全部遭到杀害。（照片）

联军在北京城到处搜捕义和团战士。（明信片）

One of the Legation barricades, consisting partly of a Peking Cart. 100 yard ahead is an entanglement.

联军设卡搜捕义和团成员。（明信片）

第八章
八国联军侵华战争

光绪二十六年（1900）五月，义和团在京、津、保地区不断发展壮大。同时开始攻击外国教堂，出现了杀害洋人的事件，法国驻北京的天主教教主樊国梁写信给法驻京大使，要求派军队进京保护。

五月中旬，列强从驻守在大沽口旁的外国军事基地中选派了两千余名士兵，由英国海军中将西摩统帅，史称"西摩联队"，乘火车向北京进发。

为阻止列强军队进犯北京，义和团和清军中董福祥部的甘军拆毁了铁道，并对这支联军进行截击。受到打击的西摩联队只好退回天津近郊。与此同时，天津城内的义和团及清军也和外国军队展开了战斗。

五月二十一日，各国海军组成了两万余人的联军，号称八国联军（最初美国未参与）攻占大沽口炮台。在塘沽镇，他们逢人便杀，使原有五万人口的城镇变成废墟。联军随后向天津进攻。此后联军队伍不断扩充，达到十万余人。应该指出的是，八国联军队伍中，还有一支来自威海卫的"中国军团"，这支军团是由占领威海卫的英军从山东、直隶各地招募的农民组建的。这支队伍代表英军参加攻击天津城和北京城的战斗，并且因为表现卓越而获得联军的嘉奖。义和团和清军在天津周边的老龙头火车站（俄军驻军地）、紫竹林（外国租界）、武备学堂（清军军官培训基地）、东局子（华北清军兵工厂）与八国联军展开了激战，侵略军死伤惨重。特别是清廷帮办北洋军务的宋庆率领的守卫南门的清军和义和团，打死打伤侵略军达八百余人。

联军在占领大沽炮台后合影留念。（明信片）

（大沽炮台克虏伯大炮购于德国，目前此类巨型钢炮仅存一尊于厦门胡里山炮台，被称为"世界炮王"。）

八国联军攻打北塘炮台,图中右上方人像为李鸿章。(八国联军宣传画)

意大利军队把军旗插上大沽口炮台,图中左上方人像为意大利在华最高指挥官。(八国联军宣传画)

清军和义和团袭击八国联军。（明信片）

义和团与德军激战，右上方人像为端王载漪。（八国联军宣传画）
（载漪因力呈使用义和团进攻外国人，失败后被贬至新疆，终生不得再回京城。）

六月十八日，日军炸毁天津城墙。最后，天津失陷。入城的八国联军乘机在天津城进行烧杀劫掠，导致"自城内鼓楼迄北门外水阁，积尸数里，高数尺"，甚至海河上的浮尸阻塞了河流，天津城几乎沦为死城。各国军队纷纷攻击清廷在天津的各个部门，日军从盐务署抢走白银二百多万两，俄军占领造币厂，抢走厂里的数百吨白银。联军除抢劫官署，还挨家挨户搜掠文物古玩、金银珠宝等财物。联军还分区占领天津，由日、英、美、法、俄、德等国成立了"都统衙门"，占领天津长达两年之久。

光绪二十六年七月二十日（1900年8月14日），八国联军攻下北京外城。慈禧太后带着光绪帝和皇族成员从西华门匆忙逃出，直奔西安。

逃亡途中，慈禧太后授予李鸿章"便宜行事，朝廷不为遥制"的谈判权，只要保住慈禧本人，其他的条件概可答应。令其从南方速入京，与八国联军议和。与此同时，慈禧下旨对义和团"痛加铲除"。

天津城墙被八国联军重炮轰击炸开后,联军进入天津城。倒在地上的是守城牺牲的清军和义和团战士。(照片)

美军炮击北京城墙。(照片)

八国联军攻打天津,左上方人像为英军司令西摩尔。(八国联军宣传画)

日军攻进天津机器局（华北清军兵工厂）。（明信片）

日军组织敢死队首先攻进天津城。（明信片）

八国联军在攻入北京之前，先作城下协商如何划分占领区域。（漫画明信片）

八国联军兵临城下时，发现城墙上贴着慈禧太后的告示："大兵们，中国皇后请你们原谅，不要发生谋杀和强烈的争吵，也不要再往前推进！"（漫画明信片）

八国联军进攻北京。（明信片）

德军攻打北京城，左上方人像为慈禧太后。（八国联军宣传画）

义和团与联军激战,一位义和团战士把联军士兵头颅挂在长棍上示威。(明信片)

日军攻打北京城,右上方人像为日军总司令山口素成。(八国联军宣传画)

八国联军对北京进行了更加疯狂的洗劫和残暴的屠杀。他们以搜捕义和团的名义，见人就杀，许多地方"尸横满地，弃物塞途，人皆踏尸而行"。

八国联军统帅瓦德西特许军队公开抢劫三天，实际抢劫达十余天。皇宫、颐和园、北海、中海、南海还有北京各王公贵族府宅的金银财物、奇珍异宝皆成为战利品。连外国主教也在这场行动中带着士兵和车辆乘机到处劫掠。据统计，北京城内各官衙的库款多达六千多万两白银全部被劫掠，至于八国联军劫走的古董文物，目前还有数十万件保存在列强各国的博物馆中，许多文物如今还以千万元甚至数亿元的拍卖价出现在各国拍卖场上。

一位名叫贝野罗蒂的法国人于1900年10月来到了北京，他在《北京的末日》一书中写下了他当时的观感："城里的寂寞和荒凉，也正和城外一样，除了残毁、残毁、残毁之外，是再也没有其他东西了。这是一座残木和剩灰的城；一座昔日充满辉煌的金漆房舍的北京城，现在是一片罗列着萧条残物的荒野。"

北京城到处遭到劫掠和焚烧。（明信片）

（照片）

八国联军在北京全城抓捕义和团战士。（明信片）

被抓捕的义和团战士，每个人都被戴上脚镣。（照片）

被抓捕的义和团战士，人人被上木枷。（明信片）

联军砍杀义和团战士。（明信片）

在联军代表的监督下，清兵砍杀义和团战士。（明信片）

联军砍杀义和团战士。（照片）

八国联军代表摆开"胜利"的姿态合影。（明信片）

几名八国联军按着一个中国小孩合影。（明信片）

当八国联军在京津一带与义和团和清军激战之际，沙俄政府认为这是把东北变成"黄俄罗斯"的天赐良机。陆军大臣库罗巴特金公开叫嚣："这给了我们一个占据满洲的借口。"沙皇尼古拉二世下令动员全国的兵力和物力，把所有的远东部队和欧洲调来的部队整编为四个军团，准备入侵东北。

在入侵之前，沙俄先在其占领区清理所有原居住中国人，制造了震惊中外的海兰泡和江东六十四屯两大惨案。

海兰泡位于黑龙江以北，原为中国人世代居住区，1858年《瑷珲条约》签订后被沙俄吞并，易名为布拉戈维申斯克，其中中国居民约有一万五千人之多。1900年7月16日，俄军用刺刀、斧头把该地中国人驱赶入滚滚的江流中去，男女老幼无一幸免。当时目睹这场大屠杀的日本人石光真情记述了这个场面："（俄军）军官们手挥战刀，疯狂喊叫：'不听命令者，立即枪毙！'……人群像雪崩一样被压落入黑龙江的浊流中去。……简直是一副地狱的景象。"

第二天，即7月7日。俄军又如法炮制，对江东六十四屯的中国军民再次实施大屠杀。根据1858年的《瑷珲条约》，这一地区仍应属于中国所有，中国人照旧"永远居住"，并由中国官员管理，俄罗斯人"不得侵犯"。但沙俄军队却撕毁条约，对这一带中国人实施残酷的屠杀，五天之内把所有的中国人杀得干干净净，以至江里尸体"如排筏一样流去"。

从1900年7月下旬至10月，十一万俄军占领齐齐哈尔，黑龙江将军寿山自杀，黑龙江失陷；9月23日，东路俄军兵临吉林城下，吉林将军长顺屈膝投降，吉林省沦陷；10月1日，南路俄军占领盛京沈阳，盛京将军增祺已先一日逃走。至此东北三省全部沦陷。

俄军所到之处，烧杀抢劫，许多城镇军民被杀十有八九。在黑河，五六千居民大部分遇害；在齐齐哈尔，省会城市变成"市断人稀，街面几无人迹"的死城；在海城，俄军屠杀10天后，近城20里的范围内"万户萧空，了无人烟"。整个东北到处是"焦壁残垣，烟冷人稀"，一片凄荒的景象。

原居住在沙俄占领区的中国人（明信片）

Schauplatz des englisch-russischen Grenzstreites beim Tientsin-Bahnhof.

E. LEE, TIENTSIN.

占领了东北的沙俄军队（明信片）

中俄两国警察在共管区合影。（明信片）

在俄占区当苦力的中国儿童(明信片)

八国联军攻占北京后,各帝国主义国家对如何处置中国,最初意见难以统一。原先的八国联军加上后来增加的比利时、西班牙、荷兰三国,在惩办凶手、索要战争赔款以及是否彻底瓜分中国方面争论激烈。美国原在光绪二十五年(1899)就向各国发出"门户开放"政策的照会。这时又第二次照会各国,重申"门户开放"政策。虽然门户开放政策仍以美国的国家利益为考量,但客观上对制约各国瓜分中国发挥了作用,有利于"保持中国的领土和行政完整"。正因为如此,清廷便加强了与美国政府的沟通,希望藉此获得一定的外部同情。

经过李鸿章的谈判,慈禧太后获得了八国联军的赦免,她遵照列强提出的条件,指定了一批皇族和朝廷大员作为替罪羊,他们有的被处死,有的被流放,有的被撤职。慈禧太后同时宣布严惩抗击联军的义和团,为卖国条约的签订打下基础。

北京的东交民巷外国大使馆区（明信片）

八国联军代表汇聚于联军统帅德军司令瓦德西的住所，协商分赃事宜。（明信片）

占领北京城的八国联军军队（明信片）

攻进北京后,美军士兵以保护紫禁城为名,进驻皇宫大殿内。(照片)

美军在紫禁城内阅兵,以示占领。(明信片)

八国联军中一群德军军官聚集在天津火车站前。（明信片）

当时德军的服饰和装备（明信片）

八国联军中的日本士兵(明信片)

占领北京城后的日军驻扎于东直门。(明信片)

日军在齐化门外砍杀被捕的义和团战士，手举砍刀的是一名日军军官。（明信片）

侵华日军杀害义和团团员，手举砍刀的是日军军官，右边为日军军曹，后面排成一排的分别是清朝士兵、日军士兵和英属印度士兵。（明信片）

八国联军中的英属印度士兵（明信片）

八国联军中的英属印度士兵（明信片）

八国联军中的英属印度士兵(照片)

八国联军中的英属印度士兵骑兵队(明信片)

八国联军中的奥地利士兵（明信片）

八国联军中的意大利士兵（明信片）

八国联军中的法国军队（明信片）

光绪二十七年（1901）七月二十五日，列强11国代表与清政府的全权代表奕劻、李鸿章在合约上签字。因为这一年是农历辛丑年，故称《辛丑条约》。条约共12款，另有19个附件，按照条约内容，清政府需向各国赔偿白银4.5亿两（按当时全国总人口每人1两计算，以示侮辱），分39年还清，年息4厘，本息共计9.8亿两白银。《辛丑条约》的签订使列强更加深化了在政治、经济、军事等方面对中国的侵略和控制，以慈禧太后为首的清政府已成为帝国主义势力控制中国的工具。

历次战争的巨额"赔款"成了插在中国经济主动脉上的一架抽血机，把中华民族的膏血源源输向列强各国。它的后果是中国广大城乡破产衰败的趋势日益加剧，在战争和灾祸的双重打击下，中国人民只能挣扎于地狱之中。

各国争论激烈,只有李鸿章在哀叹。(画片,载《法国画报》)

八国联军在如何切割中国这条"香肠"的问题上争论不休。(漫画明信片)

光绪二十七年(1901)七月二十五日,清政府的全权代表奕劻、李鸿章与八国联军签署了臭名昭著的《辛丑条约》。也许是因为承受不了来自各方的压力,两个月后,李鸿章在北京病逝。(明信片)

到处流浪的一家人(照片)

躲避战乱和灾祸的难民遍布各地。(照片)

Chine　　Butte Funèbre à Hankow.
(Des cercueils sont parfois déposés au bord d'un champ en attendant que la famille du mort ait assez d'argent pour lui assurer des funérailles convenables ou pour le faire enterrer au lieu de sa naissance).

武昌城郊的荒山野岭之中，到处有贫民丢弃的棺木，可怜死者也不得安宁。（明信片）

第九章
八国联军中的"中国军团"

光绪二十六年（1900）五月，入侵中国的八国联军中，出现了一支特殊的部队，被称为"中国军团"，它是英国强占威海卫后在山东当地招募乡民和清军退役士兵所组建的队伍，在威海卫当地被称为"华勇营"。

光绪二十四年（1898）六月，中英《租威海卫专条》签订。最初，清廷只同意将威海卫沿岸10英里的地方及海面租与英国，同时允许英方在此筑炮台并驻扎军队，后来英方又强行将威海卫城外738平方公里的区域划为租界区，把区内十二万余名中国百姓全部纳入其管辖范围之内。

威海卫从此成为英军在远东的海军基地。当时，由于英帝国的殖民地遍布全球，国内兵员已到了无兵可抽调的地步，于是英当局决定仿照在印度的做法，通过招募山东本地人组建雇佣军，以此担负威海卫租借地的防务。

最初，英军的这一想法遭到当地清政府的反对，但英国人辩称组建的是警察部队，用以维持管理区的治安，并不用于对外的军事行动。这样，清政府也就无可奈何了。

光绪二十四年（1898）十月，英陆军部先从香港和上海招募一些翻译员、号手等专业军士，然后在威海卫正式组建"中国军团"。由于英国部队军饷多，军官廉洁，服役的华勇便有自豪感，因此部队很快就招募到了六百余名士兵。当年年底正式建制后，又根据形势要求扩展为12个连队，兵员达到一千二百余名。

"中国军团"编制齐全，设置有长枪连、机枪连、炮兵队和骑兵队，另有乐队、译员、卫生队等。该团由包耳上校任团长，尉级以上军官均从英国正规军中调任。全军配备精良，清一色的马丁尼·亨利式来复枪，甚至还有当时世界先进的马克西姆机枪。

"中国军团"经过正规集训后，分别驻扎于威海卫各地，他们的首要任务是镇压威海卫境内的民众抗英行动。

"中国军团"骑兵队（明信片）

"中国军团"乐队
（照片）

·185·

"中国军团"的住宿区（明信片）

正在训练的"中国军团"（明信片）

"中国军团"的机枪连（明信片）

威海卫英国行政长官视察"中国军团"。（照片）

当时的山东一带，义和团运动正在兴起。由于本地乡民与威海卫当局在征地、建教堂以及传教士、教民等事项方面经常发生冲突，"中国军团"就充当了镇压民众运动的打手。有一次在双方争斗中，"中国军团"竟毫不犹豫地向当地乡民开枪，打死打伤了20位同胞，激起了广大乡民的愤慨，而威海卫英国行政长官道华德在写给英国驻华公使窦纳尔的信中宣称："在5月5日、6日的两次攻击事件中，'华勇营'表现得非常出色，我们对他们的英勇行为深感钦佩。"

光绪二十六年（1900）五月，英国驻华海军司令兼八国联军统帅西摩尔中将为了补充兵员，决定调用刚完成镇压当地抗英运动任务的"中国军团"支援八国联军。英军把"中国军团"原雇佣军服装换为英国陆军军装，以"英军第一军团"的名义编入作战部队系列。五月下旬，四百余名"中国军团"士兵乘舰抵达天津大沽港口。他们与先前到达的香港皇家炮兵（以印度雇佣军为主）、英陆军香港团（由香港"华勇队"和香港印度雇佣兵组合而成）共同组建在一起，成为英军参战的主力部队。

到达大沽口码头的"中国军团"（照片）

"中国军团"换上英军军装。(明信片)

"中国军团"炮击北洋军工厂——东局子军工厂。(明信片)

六月初一日，"中国军团"与俄军一起，对驻守华北北洋军工厂——东局子军工厂的清军和义和团发动猛烈炮击，击中了北洋军火库，库中弹药连续爆炸，使天空出现了几百米高的蘑菇云，清军和义和团伤亡惨重，最后联军占领了该军事基地。

六月十三日，"中国军团"参加了八国联军发起的对天津城的大规模攻击，在这场激战中，清朝将领直隶提督聂士成身中七弹，腹破肠流，以身殉国。

六月十八日，"中国军团"与日军敢死队一起炸毁了天津城墙，成为英军中"首先占领天津城的唯一代表"。

此后，"中国军团"奉命为八国联军征集船只。由于从天津往北京的陆路泥泞难行，沿途又有清军和义和团半途截击，因此联军决定沿着运河向北京进攻。"中国军团"士兵以中国人的身份就地征集到一百余艘大型船舶和一批船工，为联军北上进攻提供了重要的交通工具。

"中国军团"在北进中协同日军参加北塘战斗，摧毁了清军的北塘炮台。

七月二十日，"中国军团"把大炮拉上了北京前门，协同美军攻击紫禁城，被隆隆的炮声吓坏了的慈禧太后装扮成村妇，带着光绪皇帝和王公大臣等慌不择路地逃离了北京。"中国军团"为联军进攻北京又立下了"汗马功劳"。

进入北京之后，"中国军团"按照联军分配的区域，进行战后管理。对于辖区内沙俄军队以及其他部队的残酷劫掠行为，他们采取了一定的抵制行动，并在该区域较早地恢复了市场秩序。

八国联军中的日军士兵和"中国军团"士兵（蹲者）已成为"攻坚"的主力。（明信片）

"中国军团"士兵到达天津。（明信片）

从天津往北京的道路泥泞难行，使得八国联军无法从陆地进攻北京（照片）

"中国军团"进驻北京。（明信片）

上述"中国军团"史料，多数来自当年英国报刊新闻及在军团任职的英军中尉巴恩斯的回忆录，但却未见之于国内权威史籍。而当时参加八国联军被英军征为雇佣军的香港"华勇队"新加坡"华勇队"以及青岛德军"华勇连"等，同样未有史载。究其原因，可能有三个方面的因素：

1."中国军团"士兵参加八国联军进攻自己的国家首都，其行为无论在哪个朝代都应被视为叛国，因此中国史籍似乎有意避开此类不光彩事件；

2.参加"中国军团"的士兵，目睹了八国联军入城后烧杀劫掠的场景，深知自己的行为无法面对列祖列宗，更无法面对子孙后代，因此只能让那段历史永远掩埋在心底；

3."中国军团"于光绪三十二年（1906）五月解散以后，大部分士兵被英方招聘赴南非参战及充当金矿警察，许多人最终客死异乡，这段历史也就迷雾一般消逝了。

赴南非谋生的原"中国军团"士兵（明信片）

赴南非谋生的原"中国军团"士兵（明信片）

第十章
日俄战争

光绪二十九年十二月至光绪三十一年四月(1904年2月8日—1905年5月28日),日本与沙俄为了争夺中国的东北和朝鲜,在东北的土地上进行了一场规模空前的帝国主义战争。

从19世纪开始,沙皇俄国不断地鲸吞中国的边疆,同时还妄想进一步占领中国东北,以便为其太平洋舰队寻找一个常年不冻港。

当甲午战争中国战败后,沙俄获悉日本强迫清政府签订的《马关条约》中有割让东北辽东半岛等地的条款,于是立即联合法、德两国,对日本展开了一场"三国干涉还辽"的外交战,最终迫使日本放弃了到嘴边的一块肥肉,但随后沙俄却以强制手段占据了旅顺港和大连港。

Портъ-Артуръ.—Port-Arthur. № 6.
Эскадра 1903 г.

光绪二十四年三月（1898年3月），俄军强租旅顺港和大连港。图为停泊在港内的俄军舰艇。（明信片）

旅顺港内的俄军舰艇（明信片）

为报这一箭之仇，也为最终夺取中国的东北以及朝鲜，日本积极备战，持续加大军费投入，明治政府甚至号召人民每天只吃一顿饭，以便把大米节省下来供给陆军。日本至1901年基本完成了耗资五亿多元的陆、海军备计划和全国铁路建设计划，终于在光绪二十九年十二月二十三日（1904年2月8日）夜间，对停驻旅顺港的俄国舰队发动了突袭，从而爆发了一场世界近代史上规模巨大的帝国主义战争。

当日俄战争爆发之际，在欧美几国的策划下，清政府宣布对这场战争持局外中立，并被迫划出辽东半岛大片地区作为日俄军队厮杀的战场。这场战争双方投入兵力共达百万之多，规模之大及死伤人数之多，在近代战争史上也是空前的。而由于双方军队肆意扩大战争地盘，使战争所在地中国东北的人民无辜伤亡数量更远超日俄士兵，战火所及"哀鸿遍野、枯骨相望"，原来一望无际的肥沃繁华之地尽成焦土。

日俄战争历时一年多，大体分为旅顺口及黄海海战、旅顺炮台争夺战、辽阳会战、奉天（沈阳）会战、对马海峡海战等多个战役。而战争始终都在海上进行。

日本军国主义者欲把整个世界置于自己的统治之下。（明信片）

在美国、英国的支持下，日本向沙俄砍下第一刀。（明信片）

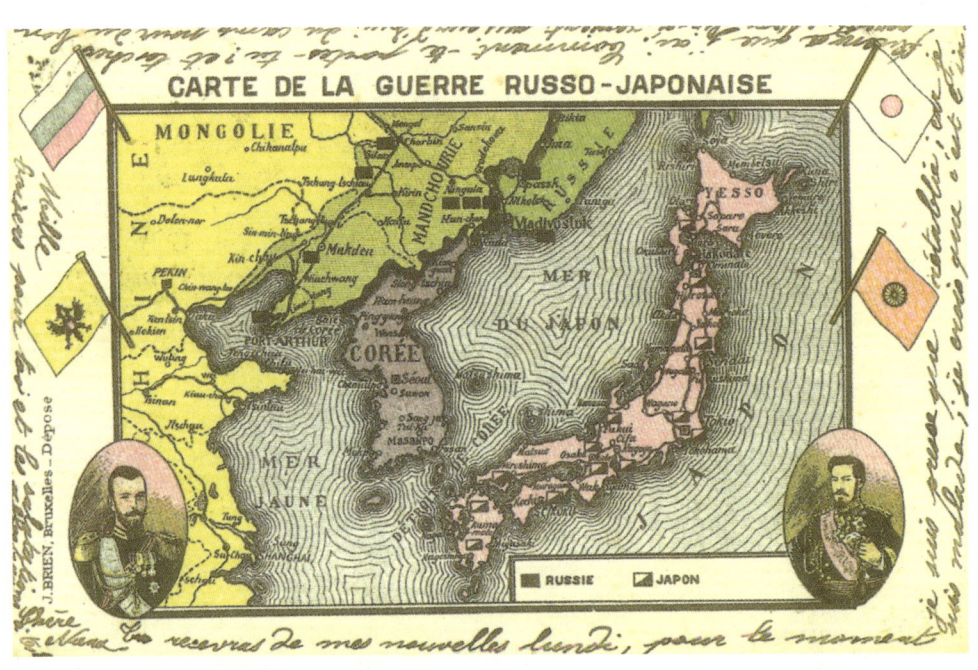

日俄战争示意图，右图人像为明治天皇，左图人像为沙皇尼古拉二世。（明信片）

日俄战争期间旅顺港各炮台、碉堡俯瞰图（明信片）

日俄海上战争场景（明信片）

旅顺炮台争夺战

日军联合舰队在司令东乡平八郎的指挥下，于1904年2月上旬采取突袭的方式，对驻守朝鲜仁川港的俄战舰和驻泊于中国旅顺港的俄太平洋舰队同时展开攻击，致使朝鲜仁川港内的俄"瓦良格号"巡洋舰等战舰遭受重伤后自沉于该港内，而旅顺港内的俄太平舰队也因有3艘主力舰遭受重创而元气大伤。随后日舰又先后三次采取沉船堵塞航道的方式，掌握了海上的控制权。

光绪三十年七月（1904年8月10日），沙俄太平洋舰队为自救，与日本联合舰队在黄海展开生杀搏斗，最后以俄舰队司令阵亡及舰队战败而告终，俄舰队残存的一些战舰只好再次退回旅顺港内，从此失去了作战的能力。

发动奇袭战术经常是日军获胜的秘诀。（明信片）

在朝鲜仁川港被袭击后自爆的俄"瓦良格号"巡洋舰（明信片）

日本联合舰队司令东乡平八郎的旗舰"三笠号"，头像为东乡平八郎。（明信片）

日俄海战情景（明信片）

辽阳会战

海战同时，日本发动了4个军的兵力共10多万人向中国东北进军，战斗首先在辽东半岛南端展开。俄军在金州城和南山炮台凭险据守，而日军则以"尸山血海"的攻势夺取，光绪三十年四月（1904年5月下旬），日军先后以血的代价攻下金州城和南山高地。日军许多联队从海滩上强攻，几乎全部战死，伤者和死者被随后涨潮的海水全部吞没。

日军占领金州城和南山高地之后，彻底切断了辽阳和旅顺两地俄军的联系。光绪三十年五月（1904年6月中旬），日本成立"满洲军司令部"，下辖4个军，其中3个军进攻辽阳，一个军进攻旅顺口。

日军经过七次进攻后,终于占领金州。(明信片)

日军从海滩上强攻,许多联队几乎全部战死,最终攻占了南山高地。(明信片)

调动中的沙俄哥萨克骑兵（明信片）

沙俄侦察部队（明信片）

俄军原驻守辽阳的军队有三个军约十万余人，经过八天的拉锯战，日军以两万多人伤亡的代价攻占了辽阳城，俄军则退往奉天（沈阳）防守。

日军第三军在乃木希典中将的指挥下对旅顺要塞发动了进攻。乃木希典在十年前中日甲午战争时期就率领日军攻打金州城和旅顺炮台，对这一带地形十分熟悉，同时他又是一个战争狂。出征前，他自备了三口棺木，宣称准备与两个儿子一道战死疆场以报效天皇。

经过长达半年时间的战争，日军以投入十三万人兵力和六万人牺牲的代价于光绪三十年十一月（1904年12月）先后攻占了旅顺口背后最重要的军事高地203高地、东鸡冠山堡垒、松树山炮台等地。

旅顺要塞终于暴露在日军的炮口之下，俄军旅顺要塞司令斯提赛尔将军在万般无奈之下只得下令举白旗投降，旅顺港内的俄舰则成了日军的战利品。

日俄两国军队在辽阳平原上厮杀。(明信片)

日军以榴弹炮轰击旅顺高地炮台。（明信片）

日军对旅顺口各高地展开进攻。（明信片）

日军士兵在俄军阵地前阵亡，尸体堆满壕沟。（照片）

旅顺203高地日军炮兵观测点（明信片）

旅顺最重要的军事防务区——东鸡冠山北炮台。上图为炮台外景，中图为炮台近景，下图为炮台内景。（明信片）

日军举行旅顺口入城仪式。（明信片）

半歳に亘る苦戦悪闘の効もなく哀れ武運拙なく城下の誓を乞はねばならない敗軍の将ステツセル將軍が胸に萬感の思を秘めて幕僚と共にコサツク騎兵を引率し水師營に向ひつゝある光景である我が步哨の捧げ銃に又何なる感があつたらう先頭白馬に跨り居るが即ちステツセル將軍である

俄军旅顺要塞司令斯提赛尔将军率队投降。（明信片）

日军统帅乃木希典中将接见俄军斯提赛尔将军等将官。（明信片）

日俄两国代表"亲密地"聚在一起合影，谁也不会相信他们各自代表的两国昨天刚刚打了一场生死大决战。二排左二为日本乃木希典中将，左三为俄国斯提赛尔将军。（明信片）

奉天（沈阳）会战

　　日军在占领了辽阳和旅顺港之后，就集中全部兵力与俄军在奉天展开规模空前的大决战，双方投入兵力共达六十余万人，战线拉开二百公里之长。由于双方均打得十分艰巨，在许多战斗中甚至进行了激烈的白刃战。最终，俄军死伤六万多人，被俘两万余人，日军则死伤七万余人，以武士道著称的日军，除了战死者和自杀者外，竟然没有一人投降。

　　经过一年时间的战争，光绪三十一年二月初五日（1905年3月），俄军撤出中国东北南部地区，退回东北的北部地区防守，并等待国内增援部队的到来。而此时日本满洲军总司令部也因极度匮乏而向大本营报告："军事战争只能适可而止，建议着手外交解决。"

在奉天（沈阳）大战中，日俄军队往往最后进行白刃战。从图中画面可见战争的酷烈程度。（明信片）

日军在大山岩将军的率领下举行奉天（沈阳）入城仪式，但奉天此时已成废墟。（明信片）

调动中的俄国军队（明信片）

俄军紧急转运伤员。（明信片）

对马海峡海战

正当俄太平洋舰队在旅顺口遭到日军打击而被困之际,沙皇政府决定在欧洲港口组建第二太平洋舰队,以之开赴中国东北以解救被围困于旅顺港内的第一太平洋舰队。

光绪三十年八月(1904年9月底),由罗日杰斯特文斯基上将率领的22艘战列舰、巡洋舰、驱逐舰和其他后勤供应船只组成的舰队,离开了芬兰湾,进行了长达1.8万海里的漫长远征,前往中国东北。光绪三十年十一月底(1905年1月),舰队绕过好望角,此时获悉远东太平洋舰队已全军覆没的消息。光绪三十一年二月(1905年3月底),舰队通过马六甲海峡进入南海,之后在越南金兰湾进行修整。

光绪三十一年四月(1905年5月底),由日海军司令东乡平八郎率领的以逸待劳的日本联合舰队与远涉重洋而来的俄第二太平洋舰队在对马海峡进行决战。最终俄舰队因旗舰受重创,失去指挥而遭遇惨败,日军共击沉俄舰船19艘,俘获5艘,俄海军死亡四千余人,投降五千余人,战局最终导致日俄双方走上了谈判桌。

日本联合舰队正等待着俄舰队的到来以决一死战。（明信片）

俄罗斯第二太平洋舰队经过7个月的远航，于光绪三十一年四月（1905年5月）进入日本对马海峡，与守株待兔的日本舰队展开激战，结果俄舰队几乎全军覆没。（明信片）

这场战争，虽以日方险胜为结局，但双方都已觉得精疲力尽难以为继。日军由于伤亡几十万人，以至国内的后备役兵力征召告罄，战争经费开支已达17亿日元。俄国则以太平洋舰队和波罗的海舰队的双双覆灭为导火索，彻底动摇了沙皇的统治根基。

在一旁观战并拍手称快的美、英、法、德等国，这时也不希望日俄战争打到其中一方彻底失败为止，它们认为最理想的结局是日俄两败俱伤，而后相互长期对峙，不致于出现一个独霸远东的超级强国。

经美国总统西奥多·罗斯福的提议，日俄双方在美国波士顿以北的海军基地朴茨茅斯召开了和谈会议。罗斯福也因为成功地调停了日俄战争而获得诺贝尔和平奖。

光绪三十一年八月初七日（1905年9月5日），日俄双方正式签订《朴茨茅斯和约》，包括正约十五款，附约二款，主要有：

1. 俄国将先前取得的旅顺口、大连港在内的辽东半岛租借地以及其附属一切公共财产，转让给日本。

2. 俄国将宽城子（长春）至旅顺的铁路及其一切支线，铁路所附属的全部权利以及财物、煤矿转让给日本。

3. 日俄两国军队在18个月内同时撤出东北（辽东半岛日占租借地除外）；但两国都可留驻守备兵护卫铁路，每公里15名为限。

战场上一片荒凉,只剩下几匹战马的嘶鸣。(明信片)

受伤的俄国士兵在等待救援。（照片）

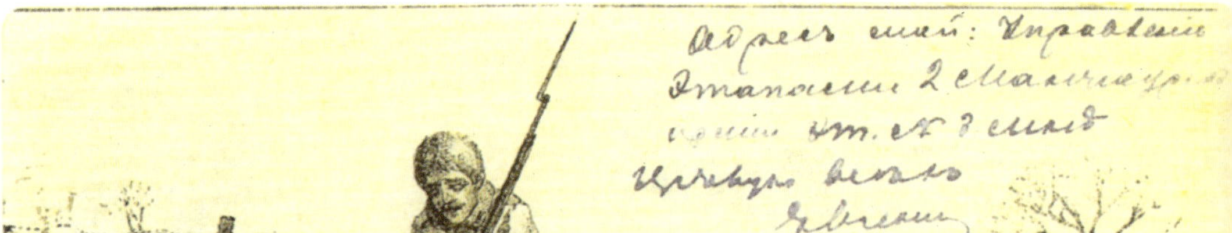

一名俄国士兵在战场上凭吊死去的战友。（明信片）

打了败仗的沙俄再也没有了趾高气昂的神态，只能被日本人肆意凌辱了。（漫画明信片）

日俄两国就这样背着中国政府做成了瓜分东北的交易。该条约中大部分的内容虽为战败国沙俄做出的让步，但牺牲的却都是中国的利益，沙皇俄国以出卖中国主权和领土的代价，取得了自身战败后既不必割地亦不必赔款的合法结果，甚至最终策划了中国外蒙古的独立，使中国领土又一次遭到分割。自此东北北部成为俄国的势力范围，南部成为日本的势力范围。中国的领土主权，竟被两个帝国主义国家达成的条约所践踏，这真是中华民族的悲哀。

正因为有这一条款，光绪三十二年（1906），日本在旅顺正式成立"关东都督府"，以管理所谓的"关东州"。"关东州"包括大连、旅顺和金州3个行政区，总面积3460平方公里。日本以"关东州"作为领土的一部分，设立驻军、警察以及行政、司法机构，全州实施奴化教育和管理，一切机关、学校禁止使用中文，一律改为日语，并且规定百姓日常生活也必须使用日语等等。其"关东州"守备部队与铁道部队后来组建成臭名昭著的关东军，在1930年代又一次发动了对华全面侵略战争。

日俄战争中日军残杀被认为是充当俄国间谍的中国人。（照片）

1926年，有人在"关东州"随机访问了一名中学生，提出了几个问题，其回答如下：

问：大连、旅顺为何国之土地？

答：自古系日本土地。

问：日本人居住于东三省，何以如此之多？

答：日本要同中国亲善，所以彼等皆拿了金钱来替中国人办实业。

问：日本人把东三省的粮食尽量运去，于东三省人民有害否？

答：无害，因为日本人也运来洋货，都是好的。

问：对于日本人在东三省的种种设施赞成否？

答：日本人在东三省设学堂、办工厂，叫我们读书，给我们事做，我们非常感激他们的。

日本人大量迁入东北，经营铁路、矿山、工厂甚至许多农场。图为随父母生活在东北的日本儿童。（明信片）

日军在大连建造的神社（明信片）

日军在大连建造的警察局（明信片）